BestMasters

Mit **„BestMasters“** zeichnet Springer die besten Masterarbeiten aus, die an renommierten Hochschulen in Deutschland, Österreich und der Schweiz entstanden sind. Die mit Höchstnote ausgezeichneten Arbeiten wurden durch Gutachter zur Veröffentlichung empfohlen und behandeln aktuelle Themen aus unterschiedlichen Fachgebieten der Naturwissenschaften, Psychologie, Sozialwissenschaften, Technik und Wirtschaftswissenschaften. Die Reihe wendet sich an Praktiker und Wissenschaftler gleichermaßen und soll insbesondere auch Nachwuchswissenschaftlern Orientierung geben.

Springer awards **“BestMasters”** to the best master’s theses which have been completed at renowned Universities in Germany, Austria, and Switzerland. The studies received highest marks and were recommended for publication by supervisors. They address current issues from various fields of research in natural sciences, psychology, social sciences, technology, and economics. The series addresses practitioners as well as scientists and, in particular, offers guidance for early stage researchers.

Melina Müller

Nudging als Schlüssel zur Überwindung typischer Hindernisse bei der Etablierung von Agilität

Entwicklung und Evaluation eines konzeptionellen Ansatzes

Springer Gabler

Melina Müller
Wirtschaftsinformatik
Nordakademie Hochschule der
Wirtschaft
Hamburg, Deutschland

ISSN 2625-3577 ISSN 2625-3615 (electronic)
BestMasters
ISBN 978-3-658-49903-7 ISBN 978-3-658-49904-4 (eBook)
https://doi.org/10.1007/978-3-658-49904-4

Die Deutsche Nationalbibliothek verzeichnet diese Publikation in der Deutschen Nationalbibliografie; detaillierte bibliografische Daten sind im Internet über https://portal.dnb.de abrufbar.

Planung/Lektorat: Karina Kowatsch
Springer Gabler ist ein Imprint der eingetragenen Gesellschaft Springer Fachmedien Wiesbaden GmbH und ist ein Teil von Springer Nature.
Die Anschrift der Gesellschaft ist: Abraham-Lincoln-Str. 46, 65189 Wiesbaden, Germany

Interessenkonflikt Der/die Autor*in hat keine für den Inhalt dieses Manuskripts relevanten Interessenkonflikte.

Inhaltsverzeichnis

1 Agilität und Nudging als Schlüssel zur erfolgreichen Veränderung 1

2 Theoretische Grundlagen: Agilität und Nudging verstehen 5
2.1 Agilität als strategischer Rahmen für Veränderung 5
2.2 Nudging als Instrument der Entscheidungsunterstützung 12

3 Von der Theorie zur Fragestellung 19

4 Hindernisse bei der Etablierung von Agilität 23
4.1 Literaturrecherche zur Identifikation von Hindernissen 23
4.2 Häufige Hindernisse bei der Etablierung von Agilität 30
4.3 Bedeutung der Ergebnisse 35

5 Konzeptionierung eines Modells zur Entwicklung von Nudges 39
5.1 Ablaufmodell zur Entwicklung von Nudges in der Agilität 39
5.2 Diskussion des Ablaufmodells zur Entwicklung von Nudges 50

6 Evaluation des Modells zur Nudge-Entwicklung in der Agilität 53
6.1 Methodisches Vorgehen zur Evaluation des Ablaufmodells 53
6.2 Darstellung der Expertenbewertung 56
6.3 Bedeutung der Ergebnisse 60

7 Fazit zur Rolle des Nudging bei der Etablierung von Agilität 65

Literaturverzeichnis 69

Abbildungsverzeichnis

Abbildung 2.1 Agile Zwiebel 7
Abbildung 2.2 Doppelter Diamant des Design Thinking 9
Abbildung 2.3 Übersicht menschlicher Fehlbarkeiten 13
Abbildung 2.4 Zeitpunkt und Kategorien von Nudge-Werkzeugen 16
Abbildung 4.1 Canvas der Literatursuche nach vom Brocke et al. (2009) 25
Abbildung 4.2 Dokumentierte Entscheidungen für die Literatursuche ... 26
Abbildung 4.3 Ausschnitt der Literatursuche 29
Abbildung 4.4 Aufbau der Konzeptmatrix 29
Abbildung 4.5 Quantitative Ergebnisse der Literaturrecherche 30
Abbildung 4.6 Ergebnis der Konzeptmatrix 31
Abbildung 4.7 Hindernisse entlang der agilen Zwiebel 35
Abbildung 5.1 Iterativer Entwicklungsprozess von Nudges 40
Abbildung 5.2 Zusammenfassung der iterativen Nudge-Entwicklung ... 50
Abbildung 6.1 SWOT-Matrix zur Evaluation des Ablaufmodells 55
Abbildung 6.2 Zusammenfassung der Befragungen 59
Abbildung 6.3 Matrix zur Weiterentwicklung des Ablaufmodells 61

Tabellenverzeichnis

Tabelle 4.1 Beschreibung der Kategorien der Konzeptmatrix 32
Tabelle 5.1 MINDSPACE-Framework zur Gestaltung von Nudges 45
Tabelle 5.2 EAST-Framework zum Überprüfen von Nudges 46
Tabelle 6.1 Befragte Expertinnen und Experten 57

1 Agilität und Nudging als Schlüssel zur erfolgreichen Veränderung

Unternehmen stehen heute unter hohem Anpassungsdruck. Die Arbeitswelt ist zunehmend von Brüchigkeit, Angst, Nichtlinearität und Unverständlichkeit geprägt. Bedingungen, die unter dem Begriff BANI (*brittle, anxious, non-linear, incomprehensible*) zusammengefasst werden.[1] In diesem Umfeld wird Agilität zu einem zentralen Gestaltungsprinzip, um Handlungsfähigkeit und Stabilität trotz Unsicherheit zu sichern. Agilität gilt dabei nicht mehr nur als Mittel zur Effizienzsteigerung, sondern zunehmend als Voraussetzung für das langfristige Überleben von Organisationen.[2] Der Bedarf an agilen Arbeitsweisen wird durch praktische Herausforderungen zusätzlich verstärkt. Dazu zählt das wiederholte Scheitern klassischer IT-Projekte.[3] Auch die Erwartungen unterschiedlicher Generationen an Zusammenarbeit und Führung verändern sich spürbar. Beides erhöht den Druck auf Unternehmen, Arbeitsstrukturen flexibler, dezentraler und kundenzentrierter zu gestalten. Gleichzeitig zeigt sich, dass viele Unternehmen bei der Umsetzung agiler Methoden vom Kurs abkommen.[4] Die nachhaltige Implementierung agiler Arbeitsweisen ist noch immer eine große Herausforderung für die Unternehmen.

Dies zeigt sich beispielsweise in der Abnahme agiler Verhaltensweisen oder in der Rückkehr zu traditionellen Strukturen. Hauptgründe sind dabei starre Hierarchien oder ein traditionelles Menschenbild, das mit den Werten agiler

[1] Möller und Giernalczyk (2023, S. 105).

[2] R.-A. Koch (2024, S. 2).

[3] Block (2023, S. 38).

[4] Ehlers (2023, S. 261).

M. Müller, *Nudging als Schlüssel zur Überwindung typischer Hindernisse bei der Etablierung von Agilität*, BestMasters,
https://doi.org/10.1007/978-3-658-49904-4_1

Zusammenarbeit unvereinbar ist.[5] Anstatt sich adaptiv weiterzuentwickeln, fallen Teams in Drucksituationen häufig in gewohnte Verhaltensmuster zurück, trotz vorhandener Methodenkenntnisse. Das folgende Beispiel soll dies verdeutlichen.

Beispiel: Das Team arbeitet reibungslos und abgestimmt zusammen. Jedes Mitglied kennt seine Rolle und die damit verbundene Verantwortung. Probleme werden offen angesprochen und gemeinsam gelöst. Dann verändert sich der Markt. Die Führungsebene macht deutlich, dass das Team jetzt schneller liefern und Prozesse verschlanken soll. Um Zeit zu sparen, streicht das Team Stand-ups und Retrospektiven. Die Stimmung kippt. Die Product Ownerin übernimmt Führung per Ansage. Wenig später interveniert ein Mitglied der Führungsebene in Meetings, die zuvor zur Selbstorganisation dienten. Das Team richtet sich zunehmend an der Führungsebene aus und verliert den Fokus auf die eigene Abstimmung. In den folgenden Wochen sinkt die Leistungsfähigkeit merklich. Obwohl das Team über Wissen im Bereich agiler Methoden verfügt und positive Erfahrungen mit ihnen gemacht hat, fällt es in einer Drucksituation in alte Verhaltensmuster zurück. Eigenverantwortung und Kooperation werden durch hierarchische Strukturen ersetzt. Die Ursachen hierfür liegen nicht im fehlenden Wissen begründet, sondern in der Art und Weise, wie unter Anspannung Entscheidungen getroffen und Verhalten gesteuert werden.[6]

Das Beispiel zeigt, dass Agilität im Team bereits eingeführt war, die Rollen waren klar, die Formate etabliert. Dennoch blieb das agile Verhalten unter Druck nicht stabil. Damit wird deutlich, dass sich diese Arbeit nicht mit der Einführung agiler Strukturen befasst, sondern mit der Frage, wie Agilität im Alltag dauerhaft gelebt und verankert werden kann. Es geht also nicht um das Initiieren von Agilität, sondern um deren Etablierung im Sinne einer stabilen Verhaltenspraxis.

In Situationen wie dieser stellt sich weniger die Frage nach Wissen oder Fähigkeiten, sondern vielmehr nach den Bedingungen, unter denen die Entscheidungen getroffen werden, die das alltägliche Verhalten prägen.

Die Verhaltensökonomie geht davon aus, dass Menschen nicht immer rational handeln, sondern in ihrem Entscheidungsverhalten systematischen Verzerrungen

---

[5] Stuhde (2023, S. 114).

[6] Koschek (2022, S. 99–104).

unterliegen. Der Ökonom Richard H. Thaler, der 2017 mit dem Nobelpreis ausgezeichnet wurde, hat gemeinsam mit Cass R. Sunstein das Konzept des Nudging entwickelt, das genau an dieser Stelle ansetzt. Sie zeigen, dass Entscheidungen insbesondere dann fehleranfällig sind, wenn Aufmerksamkeit und Selbstkontrolle begrenzt sind. Statt auf Belehrung oder Zwang zu setzen, schlagen sie vor, die Entscheidungsarchitektur so zu gestalten, dass gewünschtes Verhalten wahrscheinlicher wird, ohne dabei die Entscheidungsfreiheit einzuschränken.[7]

In der Praxis findet Nudging bereits breite Anwendung, insbesondere in Bereichen wie Politik, Gesundheit, Konsumverhalten, Nachhaltigkeit oder öffentlicher Verwaltung. Ziel ist es, Entscheidungen durch Voreinstellungen, Hervorhebungen oder Kontextgestaltung zu beeinflussen.[8] Für einige dieser Anwendungsfelder existieren Vorgehensmodelle, die den Entwicklungsprozess von Nudges strukturieren.[9]

Vor dem Hintergrund der dargestellten Herausforderungen erscheint Nudging im Kontext der Agilität als vielversprechender Ansatz, um agilitätsförderndes Verhalten gezielt zu unterstützen. Wenn Rückschritte in der agilen Praxis weniger auf fehlendes Wissen als auf instabiles Entscheidungsverhalten zurückzuführen sind, liegt es nahe, genau dort anzusetzen. In agilen Arbeitskontexten ist der Ansatz kaum untersucht worden. Ebenso fehlt ein Modell, das die Entwicklung von Nudges im agilen Kontext unterstützt.

Die vorliegende Arbeit greift diese Forschungslücke auf und untersucht, ob und wie sich die Prinzipien des Nudging auf die Etablierung agiler Zusammenarbeit übertragen lassen. Ausgangspunkt ist die Beobachtung, dass Rückschritte in der agilen Praxis häufig nicht aus mangelndem methodischem Wissen resultieren, sondern aus Verhaltensmustern, die unter Druck reaktiviert werden. Um Agilität langfristig zu stabilisieren, braucht es daher ein tieferes Verständnis der typischen Hindernisse in der Praxis. Dies bildet den Ausgangspunkt der ersten Forschungsfrage. Aufbauend auf der Analyse typischer Hindernisse wird ein konzeptionelles Ablaufmodell entwickelt, das die Idee von Nudging auf agile Kontexte überträgt. Ziel ist es, ein praxisnahes Vorgehensmodell zu entwerfen, das ohne vertiefte verhaltensökonomische Vorkenntnisse anwendbar ist und agile Zusammenarbeit gezielt unterstützen kann sowie Teams dazu befähigt, ihr Verhalten aktiv zu gestalten. Ein Modell bleibt theoretisch, solange es nicht im Anwendungskontext überprüft wird. Im Rahmen einer qualitativen Evaluation wird untersucht, ob

[7] Bruttel und Stolley (2017, S. 780).

[8] Krisam (2022, S. 3).

[9] Vgl. Ebner et al. (2022), Eichhorn und Ott (2019), Harff (2021), Krisam (2022).

das Modell geeignet ist, agiles Verhalten gezielt zu fördern, und welche Potenziale und Herausforderungen sich bei der Anwendung zeigen. Ziel ist es, nicht nur ein Konzept zu entwerfen, sondern ein Instrument bereitzustellen, das Teams befähigt, ihre Zusammenarbeit eigenverantwortlich weiterzuentwickeln.

Gang der Untersuchung

Kapitel 2 „Theoretische Grundlagen: Agilität und Nudging verstehen" erläutert die theoretischen Grundlagen und stellt die zentralen Konzepte von Agilität und Nudging vor. In Kapitel 3 „Von der Theorie zur Fragestellung" werden die Forschungsfragen hergeleitet und in ihrem inhaltlichen Zusammenhang dargestellt. Kapitel 4 „Hindernisse bei der Etablierung von Agilität" widmet sich einer systematischen Literaturrecherche, um zentrale Hindernisse bei der Etablierung von Agilität zu identifizieren. Da Nudging bislang nicht gezielt im agilen Kontext eingesetzt werden kann, wird in Kapitel 5 „Konzeptionierung eines Modells zur Entwicklung von Nudges" ein spezifisches Ablaufmodell erarbeitet. Kapitel 6 „Evaluation des Modells zur Nudge-Entwicklung in der Agilität" beschreibt die qualitative Evaluation dieses Modells. Die Arbeit schließt in Kapitel 7 „Fazit zur Rolle des Nudging bei der Etablierung von Agilität" mit einer Zusammenfassung der Ergebnisse und einem Ausblick.

Theoretische Grundlagen: Agilität und Nudging verstehen

2

Dieses Kapitel behandelt die grundlegenden Mechanismen der Agilität zum Umgang mit Veränderungen in Projekten und Unternehmen sowie die Grundlagen des Nudging in Entscheidungsprozessen.

2.1 Agilität als strategischer Rahmen für Veränderung

Das Scheitern vieler IT-Projekte erhöht die Nachfrage nach agilen Modellen, die flexibel auf Herausforderungen reagieren und Projekte effizient steuern. Da Software-Projekte komplex sind, erleichtert Agilität priorisierte Entscheidungen in dynamischen Systemen.[1] Sie kann als Antwort auf die Dynamik der Arbeitswelt verstanden werden.[2] Agilität ist die Bereitschaft, Veränderungen aktiv zu gestalten, aus ihnen zu lernen und Kundennutzen zu schaffen.[3] Sie hat sich in den 1990er-Jahren in der agilen Softwareentwicklung etabliert.[4] Sie bietet Vorteile wie schnelle Reaktionen auf Veränderungen, fördert Innovation durch interdisziplinäre Teams und liefert passgenauere Lösungen.[5] Studien zeigen, dass mit zunehmender Anwendung agiler Methoden der Projekterfolg steigt. Optimierte

[1] Block (2023, S. 38).

[2] Dömer (2023, S. 254).

[3] Conboy (2009, S. 340).

[4] Beck et al. (2001).

[5] Reupke-Sieroux et al. (2020, S. 267).

M. Müller, *Nudging als Schlüssel zur Überwindung typischer Hindernisse bei der Etablierung von Agilität*, BestMasters,
https://doi.org/10.1007/978-3-658-49904-4_2

Betriebsabläufe sowie gleichzeitige höhere Kunden- und Mitarbeiterzufriedenheit macht agile Transformationen attraktiv.[6]

Empirisches Vorgehen als Grundlage agiler Arbeitsweisen
Agile Teams passen Entscheidungen kontinuierlich an, um sich zu verbessern und Kundenbedürfnisse bestmöglich zu erfüllen. Grundlage dieser Arbeitsweise ist das *empirische Vorgehen*, das auf Beobachtung und Erfahrung beruht. Transparenz, Inspektion und Adaption bilden die Säulen agiler Ansätze. Transparenz ermöglicht fundierte Entscheidungen, Inspektion reflektiert deren Wirkung, Adaption integriert neue Erkenntnisse. Dieses Vorgehen folgt einem iterativen Zyklus, in dem neue Erkenntnisse kontinuierlich in Entscheidungen einfließen.[7] Dieser agile Kernzyklus profitiert von kurzen Zyklen, die das Lernen über Kundenbedürfnisse, mögliche Lösungen und das beste Vorgehen beschleunigen.[8] Das empirische Vorgehen stärkt zudem unmittelbar Selbstorganisation und Cross-Funktionalität innerhalb eines Teams.[9]

Ebenen der Agilität im Überblick
Damit die Vorteile von Agilität wirksam werden, müssen die Ebenen von *Doing Agile*, der Anwendung agiler Methoden bis hin zu *Being Agile*, der agilen Denkweise, durch Wissen und Haltung, abgedeckt werden.[10] Die agile Zwiebel, wie in Abbildung 2.1[11] dargestellt, ist eine anschauliche Darstellung dieses Konzepts. Während die äußeren Ebenen sichtbare, methodische und strukturelle Elemente darstellen, bilden die inneren Ebenen zunehmend immaterielle und kulturelle Aspekte ab.[12]

[6] Stuhde (2023, S. 40).

[7] Maximini (2023), S. 15.

[8] Reupke-Sieroux et al. (2020, S. 5).

[9] Schwaber und Sutherland (2014, S. 45–46).

[10] Kuchel et al. (2023, S. 1019).

[11] Eigene Darstellung nach Powers (2016).

[12] Block (2023, S. 237).

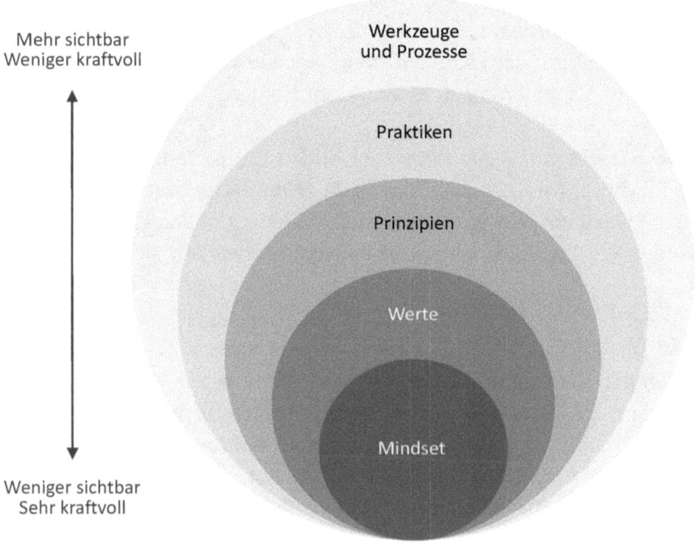

Abbildung 2.1 Agile Zwiebel

Agile Werkzeuge und Prozesse werden durch etablierte Regelwerke beschrieben, die Vorgehensweisen, Rollen und genutzte Praktiken sowie zugrunde liegende Werte vorgeben. Dazu gehören Frameworks wie Scrum, KanBan oder Scaled Agile Framework (SAFe).[13] *Agile Praktiken* hingegen sind konkrete Methodiken oder Vorgehensweisen zur Durchführung eines Prozesses. Sie können in Regelwerken integriert oder eigenständig angewendet werden. Beispiele hierfür sind Daily Stand-Up (tägliche Abstimmung), Retrospektive (kontinuierliche Verbesserung), KanBan-Board (visuelle Steuerung des Workflows).[14] *Agile Prinzipien* ermöglichen es Teams und Organisationen, ihre Arbeitsweise kontinuierlich zu hinterfragen und weiterzuentwickeln.[15] Das Agile Manifest bildet diese Zwiebelschicht mit seinen zwölf Prinzipien ab.[16] Vier zentrale Leitsätze sind[17]:

[13] Schön et al. (2023, S. 7).
[14] Schön et al. (2023, S. 8).
[15] Powers (2016).
[16] Stuhde (2023, S. 17).
[17] Beck et al. (2001).

- Individuen und Interaktionen steht über Werkzeugen und Prozessen
- Funktionierende Software steht über umfassender Dokumentation
- Zusammenarbeit mit dem Kunden steht über Vertragsverhandlung
- Reagieren auf Veränderung steht über dem Befolgen eines Plans

Die nächste Schicht der Agilen Zwiebel bilden die *agilen Werte* wie Vertrauen, Respekt und Mut.[18] Im Kern steht das *agile Mindset*. Es beschreibt ein tiefes Verständnis der Prinzipien und Werte, das sich im individuellen Handeln und Denken widerspiegelt. Wird es aktiv gelebt und erlebt, entwickelt sich daraus eine agile Kultur.[19]

Scrum und Design Thinking als zwei bewährte agile Werkzeuge

Zwei häufig genutzte agile Werkzeuge sind Scrum zur agilen Steuerung von Entwicklungsprozessen und Design Thinking zur kreativen Problemlösung.

Scrum ist ein agiles Framework mit iterativer, inkrementeller Entwicklung. Es basiert auf kurzen Arbeitszyklen, sogenannten Sprints. Dies ermöglicht kontinuierliche Inspektion und Anpassung.[20] Am Anfang eines Sprints steht das Sprint Planning, in dem festgelegt wird, welche Aufgaben umgesetzt werden.[21] Im Daily Scrum synchronisiert sich das Team täglich.[22] Im Sprint Review werden die Ergebnisse gemeinsam mit Stakeholdern betrachtet. Die Sprint Retrospektive dient der Reflexion der Zusammenarbeit und der kontinuierlichen Verbesserung.[23] Scrum definiert drei Rollen mit spezifischen Verantwortlichkeiten. Der Scrum Master fördert das Team, entfernt Hindernisse und achtet auf die Einhaltung der Prinzipien. Der Product Owner verantwortet den wirtschaftlichen Erfolg und priorisiert Anforderungen. Das Entwicklungsteam organisiert sich selbst und erstellt ein potenziell auslieferbares Produktinkrement. Alle Rollen zusammen sind für das Ergebnis verantwortlich. Die fünf Werte Fokus, Mut, Offenheit, Selbstverpflichtung und Respekt prägen Scrum.[24] Sie leiten das Verhalten und die Entscheidungen des Teams und schaffen Vertrauen. Der strukturierte, iterative Ansatz stärkt die Autonomie von

[18] Powers (2016).

[19] Armbruster (2023, S. 30–31).

[20] Sutherland und Schwaber (2020, S. 17–20).

[21] Roock und Wolf (2018, S. 77–85).

[22] Roock und Wolf (2018, S. 23).

[23] Roock und Wolf (2018, S. 133).

[24] Sutherland und Schwaber (2020).

Teams, steigert Selbstverantwortung, Motivation und Produktivität und sorgt für marktgerechte Lösungen.[25]

Design Thinking unterstützt kreative Problemlösung. Zunächst wird der Problemraum eröffnet, anschließend der Lösungsraum erschlossen. Beide Phasen sind durch eine breite Ideensammlung geprägt. Der Prozess ist jeweils ein Wechselspiel aus offener Erkundung und gezielter Fokussierung. Dies spiegelt die Funktionsweise des Gehirns wider, das zwischen divergentem und konvergentem Denken trennt.[26] Abbildung 2.2[27] visualisiert diesen Prozess als *doppelten Diamanten.*

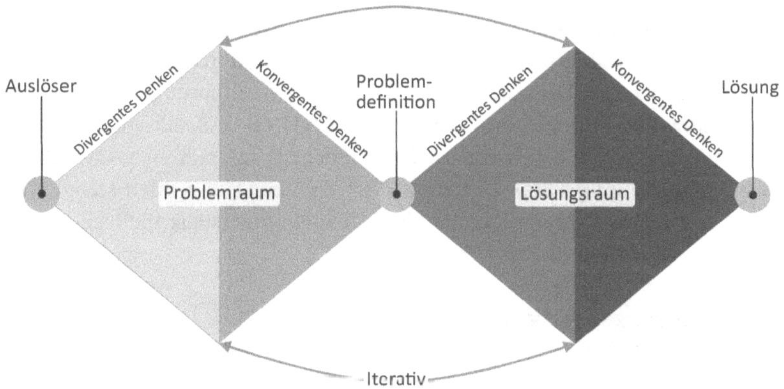

Abbildung 2.2 Doppelter Diamant des Design Thinking

Dieser Prozess ermöglicht eine strukturierte Auseinandersetzung mit Problemraum, Lösungsraum und Priorisierung.[28] Erneut ist ein Bezug zum empirischen Vorgehen zu erkennen.

Rückschritte in der Agilität

Trotz der vielversprechenden Ziele treten in der agilen Praxis immer wieder Rückschritte auf. Unter Druck fallen Teams mitunter in alte Muster zurück, obwohl agile

---

[25] Schwaber und Sutherland (2014, S. 28–30).

[26] Meinel et al. (2011, S. 5–6).

[27] Eigene Darstellung in Anlehnung an Meinel, Leifer und Plattner (2011).

[28] Design Thinking Übersicht (2025): Alles was man über Design Thinking wissen muss. Oder kann. (2025).

Methoden bekannt sind.[29] Widerstand und Trägheit sind normale Begleiter im Rahmen von Change-Management.[30] Zu viele oder zu schnelle Veränderungen können zu Überforderung, Motivationsverlust oder Kontrollbedürfnis führen.[31] Nicht alle Mitarbeitenden erleben Transparenz und Mitbestimmung als entlastend. Ebenso stehen Führungskräfte vor der Herausforderung, passende Entscheidungsräume zu gestalten.[32] Weitere Rückschritte zeigen sich in der Rückkehr zu traditionellen Strukturen oder der Abnahme agiler Verhaltensweisen. Ein Grund liegt oftmals in starren Hierarchien und einem Menschenbild, das auf Kontrolle statt Vertrauen basiert und somit dem agilen Grundverständnis widerspricht. In der Folge entstehen Entscheidungen und Handlungen, die Agilität untergraben, etwa durch den Selbstzweck agiler Praktiken, top-down-Strukturen oder Anwendung von klassischem Projektmanagement für komplexe Probleme. Kulturelle Barrieren bleiben eines der größten Hindernisse.[33] Die Entstehung von Kultur wird durch das Verhalten der Mitarbeitenden und Führungskräfte beeinflusst.[34] Dieser Aspekt wird maßgeblich von der Führung geprägt. Gerade im Top-Management zeigt sich, dass die Haltung zur Agilität zum größten Hemmnis oder zum entscheidenden Hebel werden kann.[35] Auch Teams verinnerlichen agile Prinzipien unterschiedlich stark, je nach Vorbildwirkung der Teamleitung.[36]

Rahmenbedingungen für gelingende Agilität

Agilität wirkt auf Projekt- wie Organisationsebene. Während sich Agilität auf Projektebene durch iterative Entwicklung und flexible Anpassung auszeichnet, betont sie auf Unternehmensebene Anpassungsfähigkeit, Zusammenarbeit und kontinuierliche Verbesserung.[37] Eine agile Organisation basiert auf werteorientierter Arbeit und fördert Transparenz, offene Kommunikation sowie Selbstorganisation.[38]

---

[29] Koschek (2022, S. 99–104).

[30] Kotter (2011, S. 3–13).

[31] A. Koch (2017, S. 21).

[32] Fleig (2022).

[33] Stuhde (2023, S. 112–114).

[34] Roock und Wolf (2018, S. 181).

[35] Stuhde (2023, S. 112–114).

[36] Reginaldo und Santos (2020, S. 16–17).

[37] Schwaber und Sutherland (2014, S. 56).

[38] Schön et al. (2023, S. 9).

Selbstverantwortung benötigt eine dienende Führung, die Mitarbeitende in den Mittelpunkt ihres Führungshandelns stellt.[39] Die Anpassungsfähigkeit der Organisation ergibt sich aus einer offenen Lern- und Feedbackkultur.[40]

Agilität etablieren

Um Rückschritten entgegenzuwirken und Rahmenbedingungen wirksam werden zu lassen, ist es notwendig, Agilität nicht nur als Methodenset, sondern als kulturelle Transformation zu verstehen. Das Prinzip *agil-agil-werden* sieht vor, die Einführung oder Erhöhung agiler Arbeitsweisen selbst nach agilen Werkzeugen, wie Scrum oder Design Thinking zu gestalten. Ziel ist es, nicht nur agile Methoden zu implementieren, sondern eine agile Unternehmenskultur zu schaffen, die auf den agilen Prinzipien und Werten basiert.[41] Agile Leadership lebt dieses Prinzip, indem Führung an agilen Werten und Werkzeugen ausgerichtet wird.[42] Durch Maßnahmen als gezielte Interventionen können Strukturen und Dialoge so verändert werden, dass ein neues Verhalten und daraus neue Erfahrungen entstehen. So kann sich schrittweise eine neue Kultur etablieren.[43] Weniger über Lernen durch Regeln und Maßnahmen, sondern stärker über Reflexion begleiten agile Coaches Teams oder Unternehmen in ihrem Veränderungsvorhaben im Sinne des agilen Manifests. Sie nehmen dabei die Haltung ein, dass die Entscheidung und Verantwortung für den nächsten Schritt der jeweiligen Veränderung bei den Coachees verbleibt.[44] Die Nutzung eines agilen Frameworks hilft beim Einstieg. Nach Etablierung eines agilen Mindset kann eine gefahrlose Ablösung vom Framework erfolgen.[45]

Wie gezeigt, erfordert Agilität eine Veränderung des Verhaltens in Teams und Führung zu mehr Selbstverantwortung, Offenheit und Anpassungsfähigkeit. Dieses Verhalten ist das Ergebnis zahlreicher kleiner Entscheidungen im Arbeitsalltag.[46] An dieser Stelle setzt Nudging an. Es beeinflusst Entscheidungen, ohne sie vorzuschreiben.

[39] Frehner (2023, S. 283–284).

[40] Schön et al. (2023, S. 9).

[41] Hilmer (2024, S. 137).

[42] Reupke-Sieroux et al. (2020, S. 5).

[43] Reupke-Sieroux et al. (2020, S. 75).

[44] Andresen (2017, S. 14–16).

[45] Reupke-Sieroux et al. (2020, S. 77–78).

[46] Hofert und Thonet (2019, S. 2).

2.2 Nudging als Instrument der Entscheidungsunterstützung

Nudging zielt darauf ab, Menschen durch subtile Hinweise oder kleine Veränderungen in ihrer Umgebung zu einem bestimmten Verhalten zu bewegen, ohne sie dabei einzuschränken oder zu zwingen.[47] Weder werden dabei Optionen ausgeschlossen noch wirtschaftliche Anreize verändert.[48] Ziel ist es, die Entscheidungsfindung so zu unterstützen, dass Menschen sich in ihrem eigenen Interesse verhalten, wie sie es unter optimalen Bedingungen tun würden: aufmerksam, gut informiert, selbstbeherrscht und rational.[49]

Beispiel: Ein einfaches Beispiel hierfür ist die Gestaltung von Kantinen. Werden gesunde Speisen auf Augenhöhe platziert, steigt die Wahrscheinlichkeit, dass zu diesen Optionen gegriffen wird. Ungesunde Alternativen bleiben verfügbar, jedoch gibt die Anordnung einen kleinen Anstoß. Eine bewusste Gestaltung der Umgebung erleichtert gewünschtes Verhalten, ohne es vorzuschreiben.[50]

Nudging folgt damit dem Prinzip des **liberalen Paternalismus**. Liberal, da die individuelle Entscheidungsfreiheit erhalten bleibt. Paternalistisch, durch den bewussten Versuch Menschen zu einem Verhalten zu bewegen, das gut für sie ist.[51]

Nudging ist ein Konzept der Verhaltensökonomie, das entwickelt wurde, um menschliches Verhalten besser zu verstehen und Maßnahmen zu gestalten, die das gesellschaftliche Wohl fördern, ohne dabei Zwang auszuüben oder die Entscheidungsfreiheit einzuschränken. Ursprünglich richtete sich das Konzept vor allem an Akteure aus Politik und öffentlicher Verwaltung.[52] Im Unternehmenskontext findet Nudging vor allem im betrieblichen Gesundheitsmanagement oder zur Umsatzsteigerung statt. Motive für Corporate Nudging können sein, Innovationen anzustoßen, Kundinnen und Kunden zu gewinnen oder Fehlverhalten

47 Bruttel und Stolley (2017, S. 780).

48 Thaler und Sunstein (2024, S. 24).

49 Thaler und Sunstein (2024, S. 54).

50 Thaler und Sunstein (2024, S. 17–21).

51 Thaler und Sunstein (2024, S. 23).

52 Krisam (2022, S. 3).

entgegenzuwirken.[53] So kann beispielsweise die Platzierung eines moralischen Zitates in E-Mail-Signaturen, dazu beitragen, dass Führungskräfte seltener zu unethischem Verhalten auffordern.[54]

Die bewusste Gestaltung der Umgebung durch Nudges wird notwendig, da der Mensch kein „**Homo Oeconomicus**" ist. Entscheidungen werden nicht immer rational getroffen. Häufig sind Aufmerksamkeit, Information, kognitive Kapazitäten oder Selbstkontrolle eingeschränkt.[55]

Menschliche Fehlbarkeiten im Entscheidungsprozesse verstehen

Um die Voraussetzung für die Anwendung von Nudges zu schaffen ist zunächst ein grundlegendes Verständnis menschlicher Fehlbarkeiten notwendig.[56] Fehlbarkeiten und Verhaltenstendenzen, die Menschen bei Entscheidungen in die Irre führen können, entstehen im Zusammenspiel automatisierter Denkprozesse, kognitiver Verzerrungen, Versuchung und sozialer Beeinflussung. Abbildung 2.3 zeigt dazu eine strukturierte Übersicht, die im Folgenden näher erläutert wird.

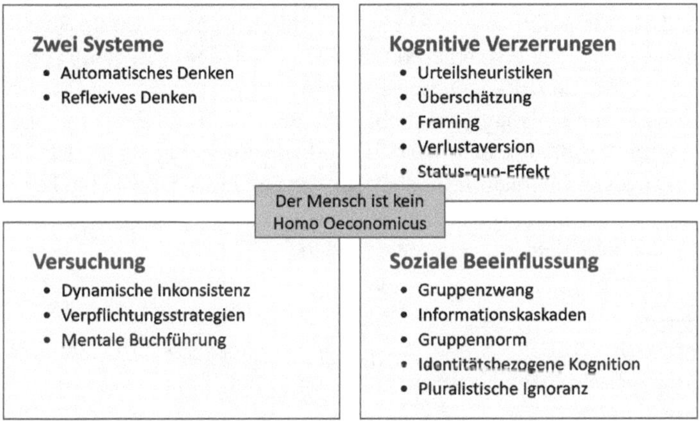

Abbildung 2.3 Übersicht menschlicher Fehlbarkeiten

[53] Harff (2021, S. 38–45).

[54] Desai und Kouchaki (2017, S. 17–25).

[55] Thaler und Sunstein (2024, S. 24–25).

[56] Harff (2021, S. 15).

Das menschliche Denken folgt **zwei Systemen**. Das automatische Denken ist schnell, mühelos und unbewusst, etwa wie beim Autofahren. Es basiert auf angeborenen Fähigkeiten und langer Übung.[57] Fehler entstehen, wenn Menschen zu stark darauf vertrauen.[58] Das reflexive Denken hingegen ist kontrolliert und langsam. Es konstruiert bewusste Entscheidungen. Das benötigt Aufmerksamkeit und Zeit.[59] Nudging soll dort helfen, wo das automatische System dominiert und Entscheidungen bewusst machen und vereinfachen.[60]

Zur Vereinfachung komplexer Entscheidungen nutzen Menschen Urteilsheuristiken, mentale Abkürzungen, die zu **kognitiven Verzerrungen** führen können. Die Ankerheuristik orientiert sich zu stark an einem Ausgangswert. Die Verfügbarkeitsheuristik überschätzt Erinnerungen gegenüber Wahrscheinlichkeiten.[61] Die Repräsentativitätsheuristik ersetzt reale Wahrscheinlichkeiten durch Stereotype.[62] Hinzu kommen Selbstüberschätzung und unrealistischer Optimismus.[63] Auch das sogenannte Framing beeinflusst Entscheidungen, durch die Darstellung von Informationen.[64] Wird dasselbe Szenario als Gewinn oder Verlust formuliert, fallen Reaktionen unterschiedlich aus. Verlustaversion führt dazu, dass Menschen Verluste stärker gewichten als Gewinne.[65] Das begünstigt Trägheit und Besitzstandswahrung. Entsprechend häufig verbleiben Menschen im Status Quo.[66]

Versuchung und Unbedachtheit führen dazu, dass Menschen häufig anders handeln, als sie es geplant hatten. Dieses dynamisch inkonsistente Verhalten zeigt sich zum Beispiel, wenn ein Joggingvorhaben spontan durch das Bedürfnis nach Ruhe verdrängt wird. Verpflichtungsstrategien wie Erinnerungen, Listen oder das Einbeziehen von anderen Personen sollen helfen, Versuchungen zu widerstehen.[67] Auch die mentale Buchführung spielt eine Rolle, etwa ein festes Budget für Streaming, beeinflusst das Verhalten, ohne es zu verbieten.[68]

---

[57] Kahneman (2019, S. 33).
[58] Thaler und Sunstein (2024, S. 64).
[59] Kahneman (2019, S. 33).
[60] Thaler und Sunstein (2024, S. 60–66).
[61] Thaler und Sunstein (2024, S. 44–51).
[62] Kahneman und Tversky (1974, S. 26).
[63] Thaler und Sunstein (2024, S. 51–54).
[64] Tversky und Kahneman (1986, S. 257).
[65] Kahneman und Tversky (1979, S. 269).
[66] Thaler und Sunstein (2024, S. 54–58).
[67] Thaler und Sunstein (2024, S. 70–76).
[68] Thaler (1999, S. 183).

Soziale Beeinflussung wirkt stark, sowohl durch Gruppenzwang als auch durch Informationen. Menschen streben nach Konformität und passen sich daher leicht an.[69] Meinungen und Informationen lenken das Verhalten von Gruppen. Selbstbewusst vorgetragene Einzelmeinungen können Diskussionen maßgeblich beeinflussen.[70] Insbesondere, wenn sie früh geäußert werden.[71] Entscheidungen anderer werden oft übernommen, ohne eigenes Abwägen.[72] So verfestigen sich Gruppennormen, selbst wenn sie längst nicht mehr sinnvoll sind. Besonders wirksam ist soziale Beeinflussung, wenn Menschen von Personen lernen, denen sie ähneln und denen sie vertrauen, eine Dynamik, die auf identitätsbezogener Kognition beruht. Menschen wissen nicht, was andere denken. Ein Phänomen, das als pluralistische Ignoranz bezeichnet wird. Um eine stille Mehrheit sichtbar zu machen und neue Dynamiken auszulösen, reicht oft ein kleiner Impuls.[73]

Zusammenfassend lässt sich sagen, Menschen entscheiden unter Unsicherheit, mit begrenzter Aufmerksamkeit und mithilfe mentaler Abkürzungen. Diese Strategien erleichtern den Alltag, führen aber mitunter zu systematischen Fehleinschätzungen.[74] Die beschriebenen Fehlbarkeiten zeigen, an welchen Stellen menschliche Entscheidungen anfällig sind. Genau hier setzen die Werkzeuge des Nudging an. Sie nutzen diese Schwachstellen nicht aus, sondern gestalten Entscheidungsumgebungen so, dass sie Hindernisse entfernen oder hilfreiche Impulse geben.[75]

Nudge-Werkzeuge zur sanften Verhaltensbeeinflussung

Ein Nudge ist besonders hilfreich, wenn er zum **Zeitpunkt** der Entscheidung erfolgt. Passende Zeitpunkte sind etwa, wenn Entscheidungen selten, unvorbereitet oder schwierig getroffen werden müssen, wie bei fehlendem Feedback, unklaren Folgen oder eingeschränkter Selbstbeherrschung, wenn beispielsweise die Versuchung zu groß ist. In solchen Momenten bieten Erinnerungen, Checklisten oder visuelle Hinweise Orientierung.[76] Werkzeuge zum „Anstupsen“ können in die

---

[69] Thaler und Sunstein (2024, S. 86–89).
[70] Thaler und Sunstein (2024, S. 91–95).
[71] Macy et al. (2019, S. 4).
[72] Salganik et al. (2006, S. 855).
[73] Thaler und Sunstein (2024, S. 91–107).
[74] Thaler und Sunstein (2024, S. 66–67).
[75] Thaler und Sunstein (2024, S. 134–135).
[76] Thaler und Sunstein (2024, S. 117–125).

drei Kategorien Entscheidungsinformationen, Entscheidungsstrukturen und Entscheidungshilfen eingeteilt werden.[77] Abbildung 2.4 zeigt eine Übersicht, die im Folgenden erläutert wird.

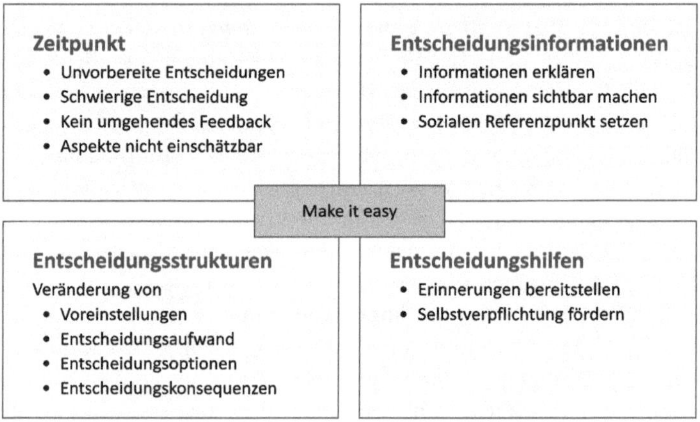

Abbildung 2.4 Zeitpunkt und Kategorien von Nudge-Werkzeugen

Wie **Informationen** präsentiert werden, beeinflusst Entscheidungen. Um dies zu stützen, können Information erklärt und vereinfacht werden. Oft sind entscheidungsrelevante Informationen nicht offensichtlich oder leicht verfügbar. Verhalten durch Feedback transparent zu machen oder externe Informationen zugänglich zu gestalten, erleichtert Entscheidungen.[78] Ein Beispiel für die Anwendung des Konzepts des „Reframings" ist die Hervorhebung umweltfreundlicherer Flüge auf einem vergleichenden Buchungsportal.[79] Soziale Normen haben starken Einfluss auf das Verhalten. Der Verweis auf das Verhalten einer Mehrheit kann als sozialer Referenzpunkt fungieren und sich als ein wirksames Werkzeug erweisen.[80] In Großbritannien führte die Aussendung eines Schreibens, das die Aussage „Neun von zehn Nachbarn haben bereits gezahlt" beinhaltete, zu einer Steigerung der Steuerrückläufe durch den ausgeübten sozialen Druck.[81]

---

[77] Münscher et al. (2016, S. 514).

[78] Münscher et al. (2016, S. 515–516).

[79] Ebner et al. (2022, S. 53).

[80] Münscher et al. (2016, S. 516).

[81] Harff (2021, S. 33).

Die Gestaltung von **Entscheidungsstrukturen** kann Verhalten gezielt beeinflussen. Aufgrund des Status-quo-Effekts akzeptieren Menschen häufig Voreinstellungen, besonders wenn Alternativen aufwendig oder unübersichtlich sind. Wird Wahlfreiheit bewahrt, können Standardoptionen entlasten oder eine bewusste Auswahl fördern, wie das Kantinen-Beispiel gezeigt hat.[82] Auch die Anzahl, Reihenfolge und Zugänglichkeit von Optionen beeinflussen das Verhalten. Sichtbar gemachte Konsequenzen können Entscheidungen in eine bestimmte Richtung lenken.[83]

Um Menschen zu unterstützen, ihre Absichten zu verfolgen und Selbstkontrolle aufrechtzuerhalten können **Entscheidungshilfen** eingesetzt werden. Erinnerungen an persönliche Ziele oder frühere Erfahrungen helfen, den Fokus zu bewahren. Auch Verpflichtungsinstrumente wie Absprachen oder öffentliche Zusagen fördern verbindliches Verhalten und stärken die Umsetzung eigener Vorhaben.[84] Das zeigt, sozialer Einfluss wirkt und eine öffentliche Selbstverpflichtung hat Auswirkung auf Verhalten.[85]

Nudges wirken oft unbewusst, erfordern keine bewusste Anstrengung und lassen die Entscheidungsfreiheit unangetastet.[86] Die Werkzeuge des Nudging zeigen, wie Verhalten durch kleine, gezielte Anpassungen sanft beeinflusst werden kann. Sie setzen bei typischen Schwächen menschlicher Entscheidungsprozesse an, etwa durch veränderte Voreinstellungen, sichtbare Konsequenzen oder Erinnerungshilfen. Sie kombinieren das Verständnis menschlicher Fehlbarkeiten mit Werkzeugen. So reagieren Menschen beispielsweise stärker auf potenzielle Verluste als auf mögliche Gewinne. Nudges greifen dies auf, indem sie Entscheidungsinformationen so formulieren, dass der Verlust ins Gewicht fällt.[87] Im Mittelpunkt steht nicht Zwang, sondern die Gestaltung der Umgebung.

Methoden zur Verhaltensbeeinflussung müssen ethischen Anforderungen standhalten. Gerade beim Nudging kann schnell der Eindruck von Manipulation entstehen, nicht zuletzt, weil Erkenntnisse aus Psychologie und Verhaltensökonomie lange Zeit vor allem im Marketing genutzt wurden, häufig ohne ethische Leitlinien. Dem lässt sich mit Transparenz und der Haltung *Nudge für das Gute* entgegengenwirken.[88]

---

82 Thaler und Sunstein (2024, S. 135–140).

83 Münscher et al. (2016, S. 516–518).

84 Münscher et al. (2016, S. 514–519).

85 Baca-Motes et al. (2013, S. 1070–1084).

86 Krisam (2022, S. 5).

87 Thaler und Sunstein (2024, S. 55–56).

88 M. Fischer und Berger (2014, S. 56–57).

Zur Etablierung von Agilität wurden Maßnahmen und Coaching als Interventionen vorgestellt. Nudging grenzt sich von beidem ab. Während Maßnahmen keine Wahlfreiheit vorsehen und Coaching im reflexiven Denken ansetzt, wirkt Nudging im automatischen Denken und erhält dennoch die Entscheidungsfreiheit. Gleichzeitig kann ein Nudge als eine Maßnahme eingesetzt werden, oder als zeitlich gut platzierte Reflexionsfrage, die zu einer bewussteren Entscheidung führt.

Die theoretische Betrachtung zeigt, wie sich Nudging von bestehenden Ansätzen abgrenzt und auf welchen Prinzipien es beruht. Offen bleibt jedoch die Frage, wie dieses Konzept im Kontext von Agilität angewendet werden kann. Genau diesem Zusammenspiel widmet sich das folgende Kapitel mit dem Ziel, den Zusammenhang zwischen Agilität und Nudging zu beschreiben und daraus konkrete Forschungsfragen abzuleiten.

Von der Theorie zur Fragestellung

3

Die Arbeit geht von der Hypothese aus, dass Nudging ein geeignetes Instrument ist, um die nachhaltige Etablierung agiler Arbeit im Unternehmen zu unterstützen. Um dies zu verifizieren, ist zunächst zu klären, warum Agilität in der Praxis häufig nicht dauerhaft verankert wird. Rückschritte zeigen sich beispielsweise in der Abnahme agiler Verhaltensweisen oder in der Rückkehr zu traditionellen Strukturen. Ein möglicher Grund liegt in einer fehlenden Verinnerlichung agiler Denkweisen.[1] Diese zeigt sich besonders auf den inneren Ebenen der agilen Zwiebel und betrifft damit weniger das methodische Wissen als vielmehr das alltägliche Verhalten.[2] Kultur entsteht durch das Verhalten von Mitarbeitenden und Führungskräften.[3] Dieses Verhalten wiederum wird durch Entscheidungen geprägt.[4]

Entscheidungen in komplexen Situationen sind häufig fehleranfällig, da Menschen nicht immer rational handeln und nicht in jeder Situation über ausreichend Aufmerksamkeit oder Selbstkontrolle verfügen.[5] Rückschritte in der Agilität sind somit nicht primär methodisch bedingt, sondern verhaltensbezogen.

Nudging greift an dieser Stelle, indem es den Entscheidungsrahmen gezielt so gestaltet, dass gewünschtes agiles Verhalten wahrscheinlicher wird, ohne Zwang

---

[1] Dömer (2023, S. 254).

[2] Armbruster (2023, S. 30–31).

[3] Roock und Wolf (2018, S. 181).

[4] Hofert und Thonet (2019, S. 2).

[5] Thaler und Sunstein (2024, S. 24).

M. Müller, *Nudging als Schlüssel zur Überwindung typischer Hindernisse bei der Etablierung von Agilität*, BestMasters,
https://doi.org/10.1007/978-3-658-49904-4_3

oder Überzeugung.[6] Diese Möglichkeit erscheint im agilen Kontext besonders vielversprechend, da sie direkt auf Verhaltensänderungen abzielt. Der Ansatz ist in agilen Kontexten bislang nur unzureichend untersucht. Um die Wirksamkeit von Nudging in agilen Räumen bewerten zu können, muss zunächst erarbeitet werden, wie entsprechende Nudges entwickelt werden können. Für den agilen Kontext existieren bislang keine spezifischen Modelle zur Entwicklung von Nudges. Um diese Lücke zu schließen, wird in dieser Arbeit ein konzeptionelles Ablaufmodell entworfen, das anschließend anhand von Expertenfeedback hinsichtlich seiner Anwendbarkeit eingeschätzt wird.

Vor diesem Hintergrund ergibt sich das Erkenntnisinteresse, das dieser Arbeit zugrunde liegt, und aus dem drei Forschungsfragen abgeleitet werden.

Die theoretische Auseinandersetzung mit Agilität zeigt, welche Ziele mit agilen Arbeitsweisen verfolgt werden und welche Rahmenbedingungen dafür erforderlich sind. Trotz der beschriebenen Vorteile gelingt es Unternehmen in der Praxis häufig nicht, Agilität nachhaltig zu etablieren.[7] Aus den Rahmenbedingungen für gelingende Agilität, wie in Abschnitt 2.1 „Agilität als strategischer Rahmen für Veränderung“ beschrieben, wird deutlich, dass neben Wissen vor allem kulturelle Aspekte eine zentrale Rolle spielen. Wissen ist in vielen Fällen durch Trainings und methodische Einführung vermittelbar woraus Erfahrung erwächst.[8] Dahingegen stellt der notwendige Kulturwandel eine deutlich größere Herausforderung dar.[9] Es liegt daher die Annahme nahe, dass die wesentlichen Hürden weniger auf methodischer, sondern stärker auf kultureller Ebene zu finden sind. Zur systematischen Betrachtung dieser Herausforderungen bietet das Modell der agilen Zwiebel eine geeignete Grundlage, da es unterschiedliche Ebenen wie Methoden, Praktiken, Prinzipien, Werte und Mindset unterscheidet. Ziel ist es, die typischen Hürden entlang dieser Ebenen sichtbar zu machen und einzuordnen.

Daraus ergibt sich die erste Forschungsfrage:

Frage 1: An welchen Hindernissen scheitert die Etablierung von Agilität häufig?

- These 1.1: Agile Methoden und Werkzeuge sind häufig etabliert
- These 1.2: Die größten Hürden bestehen auf den inneren Ebenen der agilen Zwiebel

[6] Thaler und Sunstein (2024, S. 24).

[7] Block (2023, S. 10–11).

[8] Koschek (2022, S. 71).

[9] Stuhde (2023, S. 65).

Die Beantwortung der ersten Forschungsfrage erfolgt durch eine systematische Literaturrecherche.

Die theoretische Betrachtung von Nudging zeigt, dass durch gezielte Impulse Entscheidungsrahmen so gestaltet werden können, dass gewünschtes Verhalten erreicht wird. Im Kontext von Agilität fehlt bislang ein Vorgehensmodell, das diesen Ansatz aufgreift und für die Gestaltung von Nudges nutzbar macht. Deshalb soll untersucht werden, wie Nudges gezielt entwickelt werden können, um agilitätsförderndes Verhalten zu unterstützen. Ziel ist es, ein praxisnahes Ablaufmodell zu entwerfen, das agile Prinzipien berücksichtigt und keine vertieften Kenntnisse der Verhaltensökonomie voraussetzt. Das Modell richtet sich an Personen, die mit der Einführung oder der nachhaltigen Umsetzung agiler Praktiken befasst sind.

Daraus ergibt sich die zweite Forschungsfrage:

Frage 2: Wie lässt sich ein Ablaufmodell zur Entwicklung von Nudges für den agilen Kontext entwickeln?

- These 2.1: Es lässt sich ein Ablaufmodell entwerfen, das auf agile Kontexte ausgerichtet ist
- These 2.2: Das Ablaufmodell kann ohne vertiefte theoretische Kenntnisse zu Nudging angewendet werden

Zur Bearbeitung dieser Forschungsfrage erfolgt eine Konzeptgestaltung unter Einbezug agiler Werte und Erkenntnissen der verhaltensökonomischen Forschung.

Die Entwicklung des Ablaufmodells zur Nudge-Entwicklung verfolgt einen konzeptionellen Ansatz. Eine Anwendung ist im Rahmen dieser Arbeit nicht realisierbar. Stattdessen wird das Ablaufmodell im Rahmen einer qualitativen Evaluation durch Experteninterviews evaluiert. Das empirische Vorgehen, das die Grundlage von Agilität bildet, wird somit direkt in dieser Arbeit berücksichtigt. Im Mittelpunkt steht die Frage, ob das Modell geeignet ist, Nudges zu gestalten, die agile Zusammenarbeit unterstützen.

Ausgehend davon ergibt sich folgende Fragestellung:

Frage 3: Inwiefern ist das entwickelte Ablaufmodell geeignet, um Nudges zu gestalten, die agile Zusammenarbeit fördern?

- These 3.1: Das Ablaufmodell wird als zielführend für die Entwicklung von Nudges betrachtet

- These 3.2: Das Ablaufmodell hat das Potenzial, agiles Verhalten zu fördern und nachhaltig zu sichern

Zur Beantwortung dieser Forschungsfrage erfolgt eine qualitative, semistrukturierte Expertenbefragung. Die gewählte Methode ermöglicht eine strukturierte, aber zugleich offene Einschätzung des Modells durch fachkundige Perspektiven.

Die drei Forschungsfragen greifen dieses Erkenntnisinteresse in aufeinander aufbauender Weise auf. Zunächst wird untersucht, an welchen Stellen die Etablierung agiler Arbeitsweisen typischerweise scheitert. Darauf aufbauend wird ein Ablaufmodell entwickelt, das eine systematische Gestaltung von Nudges im agilen Kontext ermöglicht. Abschließend wird dieses Modell im Rahmen einer qualitativen Evaluation hinsichtlich seiner Anwendbarkeit und seines Potenzials eingeschätzt. Die Arbeit zielt damit darauf ab, ein praxisnahes Verständnis für typische Hürden agilen Arbeitens zu schaffen und eine fundierte Hilfestellung bereitzustellen, um Agilität mithilfe gezielter Impulse wirksam zu fördern.

Hindernisse bei der Etablierung von Agilität

4

Die erste Forschungsfrage dieser Arbeit lautet *„An welchen Hindernissen scheitert die Etablierung von Agilität häufig"*, wie in Kapitel 3 „Von der Theorie zur Fragestellung" hergeleitet wird. Zur Beantwortung dieser Frage wird eine systematische Literaturrecherche durchgeführt. Ziel ist es, Rahmenbedingungen zu identifizieren, die für das Scheitern der Etablierung von Agilität ursächlich sind, sowie diese in eine Reihenfolge zu bringen. Dafür wird zunächst das methodische Vorgehen dargelegt, anschließend die Ergebnisse präsentiert sowie abschließend diskutiert.

4.1 Literaturrecherche zur Identifikation von Hindernissen

Dieser Abschnitt beschreibt das methodische Vorgehen zur Identifikation von Hindernissen in agilen Strukturen durch eine systematische Literatursuche nach *vom Brocke et al. (2009)* und Literaturauswertung nach *Webster und Watson (2002)*. Dargestellt werden die theoretischen Grundlagen, die getroffenen Entscheidungen sowie das konkrete Vorgehen dieser Arbeit.

Ergänzende Information Die elektronische Version dieses Kapitels enthält Zusatzmaterial, auf das über folgenden Link zugegriffen werden kann https://doi.org/10.1007/978-3-658-49904-4_4.

M. Müller, *Nudging als Schlüssel zur Überwindung typischer Hindernisse bei der Etablierung von Agilität*, BestMasters,
https://doi.org/10.1007/978-3-658-49904-4_4

Theorie zu Literaturrecherche

Eine Literaturrecherche ist in zwei Schritte unterteilt, die Literatursuche und die Literaturauswertung. Beide Schritte müssen transparent dokumentiert werden, um die Nachvollziehbarkeit für Lesende und weiterführende Forschung zu gewährleisten. Ein zentraler Bestandteil der Literatursuche ist die klare Definition von Zielsetzung und Umfang der Übersicht. Um die Qualität der Literaturrecherche sicherzustellen, müssen Validität und Zuverlässigkeit gewährleistet sein. Die Validität beschreibt das Ausmaß, in dem die Literaturrecherche relevante Quellen korrekt identifiziert. Sie spiegelt Entscheidungen zu dem erfassten Zeitraum, definierten Schlüsselbegriffen, Auswahl geeigneter Datenbanken und die Anwendung von Rückwärts- oder Vorwärtssuchen wider. Zuverlässigkeit hingegen bezieht sich auf die Replizierbarkeit des Suchprozesses. Eine präzise Dokumentation der Suchstrategie, insbesondere der Suchstrings, ermöglicht es anderen Wissenschaftlern, die Angemessenheit der Recherche im Hinblick auf das untersuchte Thema zu beurteilen. Vor Beginn der Literaturrecherche sollten Ein- und Ausschlusskriterien klar definiert werden. Einschlusskriterien bestimmen, welche Eigenschaften eine Publikation erfüllen muss, um in die Analyse einbezogen zu werden. Ausschlusskriterien hingegen legen fest, welche Merkmale dazu führen, dass eine Publikation nicht berücksichtigt wird. Diese Kriterien können während der Suche angepasst werden, um die Relevanz der ausgewählten Literatur zu optimieren.[1]

Um die getroffenen Entscheidungen nachvollziehbar zu dokumentieren, wird für diese Arbeit aus der Theorie ein Canvas zur Literatursuche erstellt, das die definierten Kriterien strukturiert darstellt, siehe Abbildung 4.1.

[1] vom Brocke et al. (2009, S. 3–11).

Ziel und Umfang	
Ziel der Literaturübersicht • Welche Art von Übersicht wird erstellt (kritisch, interpretativ, state-of-the-art, etc.)? • Für welche Zielgruppe ist die Übersicht gedacht (z.B. Wissenschaftler, Praktiker)?	**Abdeckung** • Soll die Übersicht umfassend oder selektiv sein? • Welcher Zeitraum wird abgedeckt?
Identifikation relevanter Literatur	
Schlüsselbegriffe und Definitionen • Welche Hauptbegriffe sind relevant für das Thema? • Gibt es Synonyme oder verwandte Begriffe, die einbezogen werden sollten?	**Quellen und Datenbanken** • Welche Datenbanken werden durchsucht?
Suchprozess	
Suchstrategie • Welche Schlüsselwörter und Suchkombinationen werden verwendet? Wie lautet der Suchstring? • Werden Rückwärts- und Vorwärtsrecherchen durchgeführt?	**Kriterien für Ein- und Ausschluss** • Welche Kriterien bestimmen, ob eine Quelle einbezogen wird (z.B. Relevanz)? • Welche Ausschlusskriterien werden angewandt?

Abbildung 4.1 Canvas der Literatursuche nach vom Brocke et al. (2009)

Zur Literaturauswertung wird eine Matrix in Anlehnung an die Konzeptmatrix von *Webster und Watson (2002)* verwendet. Die Konzeptmatrix dient als zentrales Instrument zur systematischen Analyse von Literatur. Jede Zeile der Matrix repräsentiert ein analysiertes Werk, während die Spalten Konzepte oder Kategorien darstellen, die aus der Literatur herausgearbeitet werden. Diese Methode ermöglicht es, Muster, Lücken und Gemeinsamkeiten innerhalb der Forschungslandschaft zu erkennen.[2]

Entscheidungen zur Literatursuche

Abbildung 4.2 veranschaulicht nicht nur die wesentlichen Fragen, die für eine systematische Literatursuche beantwortet werden müssen, sondern zeigt ebenso die getroffenen Entscheidungen, die im Folgenden erläutert werden.

---

[2] Webster und Watson (2002, S. 4–10).

Ziel und Umfang

Ziel der Literaturübersicht

- Welche Art von Übersicht wird erstellt (kritisch, interpretativ, state-of-the-art, etc.)?
- Für welche Zielgruppe ist die Übersicht gedacht (z.B. Wissenschaftler, Praktiker)?

state-of-the-art | Praktiker

Abdeckung

- Soll die Übersicht umfassend oder selektiv sein?
- Welcher Zeitraum wird abgedeckt?

Selektiv | 2023 - 2024

Identifikation relevanter Literatur

Schlüsselbegriffe und Definitionen

- Welche Hauptbegriffe sind relevant für das Thema?
- Gibt es Synonyme oder verwandte Begriffe, die einbezogen werden sollten?

Agilität etablieren Herausforderung | Agilität etablieren Hindernisse

Agilität Rückschritte | Agilität Regression | Agilität scheitern

Quellen und Datenbanken

- Welche Datenbanken werden durchsucht?

Springer Link | Google Scholar | EconBiz

Suchprozess

Suchstrategie

- Welche Schlüsselwörter und Suchkombinationen werden verwendet? Wie lautet der Suchstring?
- Werden Rückwärts- und Vorwärtsrecherchen durchgeführt?

agilität AND ((etablieren AND (hindernisse OR herausforderungen)) OR (rückschritte OR regression OR scheitern))

agile projekte AND ((etablieren AND (hindernisse OR herausforderungen)) OR (rückschritte OR regression OR scheitern))

Rückwärtssuche bei gefundenen interessanten Artikeln

Kriterien für Ein- und Ausschluss

- Welche Kriterien bestimmen, ob eine Quelle einbezogen wird (z.B. Relevanz)?
- Welche Ausschlusskriterien werden angewandt?

Ein: Deutschsprachiger Raum

Aus: Fokus auf eine Nische

Aus: Einführung von Agilität

Aus: Allgemeine Beschreibung von Agilität

Abbildung 4.2 Dokumentierte Entscheidungen für die Literatursuche

Das Ziel der Literaturübersicht besteht darin, eine state-of-the-art Zusammenstellung relevanter wissenschaftlicher Quellen zu erstellen, die sowohl aktuelle Herausforderungen als auch Hindernisse bei der Etablierung von Agilität untersuchen. Der Fokus liegt darauf, praxisnahe Erkenntnisse für Praktiker bereitzustellen, die in agilen Projekten tätig sind. Aufgrund der begrenzten Zeit einer Masterarbeit wird ein selektiver Ansatz verfolgt, bei dem der Zeitraum der berücksichtigten Veröffentlichungen auf die Jahre 2023 bis 2024 beschränkt ist. Dieser zeitliche Fokus gewährleistet, dass ausschließlich aktuelle Entwicklungen und relevante Studien einbezogen werden, die zur Beantwortung der Forschungsfrage beitragen können.

Zur Identifikation relevanter Literatur werden Schlüsselbegriffe und Quellen festgelegt. Aus der Forschungsfrage *„An welchen Hindernissen scheitert die Etablierung von Agilität häufig?“* ergeben sich die zentralen Schlüsselbegriffe: *Agilität*, *Etablieren*, *Herausforderung* und *Hindernisse*. Ergänzend werden die Begriffe *Rückschritte*, *Regression*, *Scheitern* hinzugefügt, da sie das Verständnis für mögliche Rückfälle in traditionelle Strukturen und die Instabilität agiler Prozesse vertiefen. Der Begriff *Fragilität* wird bewusst ausgeschlossen, da entsprechende Suchergebnisse meist Themen wie das menschliche Altern behandeln und somit nicht relevant sind.

Als Quellen und Datenbanken, werden *Springer Link*, *Google Scholar* und *EconBiz* als Hauptressourcen für die Suche ausgewählt.

- Springer Link wird genutzt, da es eine breite Palette an wissenschaftlicher Literatur und Fachbüchern bereitstellt, insbesondere im Bereich Wirtschaft und Management[3]
- Google Scholar wird aufgrund seiner umfassenden Abdeckung hinzugezogen[4]
- EconBiz bietet gezielte Recherchemöglichkeiten im Bereich Wirtschaftswissenschaften[5]

Der Suchprozess wird durch definierte Suchstrategien gesteuert. Zwei Suchstrings werden nacheinander festgelegt, um sowohl allgemeine als auch spezifische Probleme in der Agilität und in agilen Projekten zu erfassen. Die Suchstrings kombinieren die Schlüsselbegriffe mithilfe logischer Operatoren, um die Suche zu präzisieren. Zusätzlich wird die Option der Rückwärtsrecherche eingesetzt, um weiterführenden, relevanten Artikeln zu folgen und deren Quellen zu einzubeziehen. Zur weiteren Präzisierung der Literatursuche werden spezifische Ein- und

[3] SpringerLink und Springer für F&E-Plattformen (2024).

[4] Was nützt Ihnen Google Scholar bei der Literatursuche?

[5] EconBiz – Find economic literature .

Ausschlusskriterien angewendet. Als zentrales Einschlusskriterium wird festgelegt, dass die Literatur den deutschsprachigen Raum adressieren soll. Dies begründet sich aus der zweiten Forschungsfrage, die sich mit der Übertragung der Ergebnisse auf Nudging-Ansätze beschäftigt. Ein ähnlicher Kulturraum ist dafür eine wesentliche Voraussetzung.[6] Zu den Ausschlusskriterien zählen Publikationen, die sich auf spezifische Nischen wie die öffentliche Verwaltung fokussieren, sowie Literatur, die die Einführung von Agilität behandelt. Die Motivation der Arbeit liegt vielmehr auf dem Erhalt von Agilität. Ebenso werden Werke, die eine rein theoretische Herleitung von Agilität darstellen, in diesem Schritt der Arbeit nicht berücksichtigt.

Vorgehen der Literatursuche und -auswertung

Das Vorgehen bei der Literatursuche folgt einem klar strukturierten und systematischen Ansatz. Die definierten Suchstrings werden in den drei ausgewählten Datenbanken ausgeführt. Dabei werden die Suchergebnisse nach Relevanz sortiert und die jeweils ersten 40 Treffer jeder Datenbank werden in eine Excel-Tabelle exportiert. Diese Begrenzung gewährleistet eine fokussierte und in der gegebenen Zeit auswertbare Anzahl an Literaturquellen, die im Rahmen der Masterthesis analysiert werden können.

Im ersten Schritt wird der erste Suchstring ausgeführt, der eine allgemeine Perspektive auf die Forschungsfrage bietet. Da die Ergebnisse oft breit gefächert und unspezifisch ausfallen, wird ein zweiter Suchstring entwickelt, der den Fokus auf agile Projekte legt. Das beschriebene Verfahren wird mit diesem Suchstring wiederholt, um die Trefferliste zu spezifizieren.

Anschließend werden die exportierten Suchergebnisse anhand der definierten Ein- und Ausschlusskriterien überprüft und entweder vor oder nach dem Lesen klassifiziert. In diesem Prozess werden ebenfalls Dopplungen identifiziert und aussortiert. Zusätzlich erfolgt eine Rückwärtsrecherche, um besonders relevante Artikel weiter zu analysieren. Hierbei werden Quellen und Verweise aus den gefundenen Arbeiten untersucht, um weitere Literatur zu identifizieren, die den Bezug zur Forschungsfrage vertieft.

[6] Cordes und Henkel (2022, S. 17).

Item Title	Ausschluss vor dem Lesen	Gelesen	Ausschluss nach dem Lesen	Matrix	Notizen
Strategische Agilität: Dynamische Strategieentwicklung und-anpassung in turbulenten Zeiten	Dopplung				Als ganzes Buch in Springer Link Suche
New Work, Agilität und Selbstorganisation	New Work				Psychologische Sicherheit
Agilität in der digitalen Transformation: Scrum als Schlüssel zum Erfolg?		Ja		1	
Nur die Agilen werden überleben		Ja	Keine Hindernisse bei der Etablierung aufgezeigt		

Abbildung 4.3 Ausschnitt der Literatursuche

Abbildung 4.3 veranschaulicht das beschriebene Vorgehen und zeigt einen Ausschnitt des Prozesses der Dokumentation und Klassifizierung der Ergebnisse.

Relevante Aussagen, die zur Beantwortung der Forschungsfrage beitragen, werden dokumentiert und in eine Konzeptmatrix integriert. Die Struktur der Konzeptmatrix wird dabei induktiv aufgebaut, das bedeutet, Kategorien werden schrittweise aus den analysierten Daten generiert, ohne vorab festgelegte Rahmenvorgaben.[7] Textstellen, die Hindernisse in der Etablierung von Agilität beschreiben, werden gesammelt, bewertet und thematisch zusammengefasst. Auf dieser Grundlage werden passende Überschriften für die Kategorien formuliert. Die Literatursuche umfasst sowohl ganze Bücher als auch spezifische Kapitel und Artikel, die als Zeileneintrag in der Konzeptmatrix festgehalten werden, um einen vergleichbaren inhaltlichen Umfang zu gewährleisten. Aus der Häufigkeit der Nennungen in den Kategorien lässt sich eine quantitative Verteilung ermitteln. Abbildung 4.4 zeigt einen Ausschnitt des Aufbaues der Konzeptmatrix.

Autor	Artikel / Kapitel	Methodische Herausforderung	Scheinagilität und Fehlinterpretation	Organisations-struktur	Klassische Budgetierung	Agilität messen	Führung und Orientierung	...
Dömer, Minoo (2023)	Agilität in Realität: Chancen und Herausforderungen in der digitalen Transformation		x	x				
Stuhde, Simon (2023)	Warum das Wagnis eingehen? Das Ideal der agilen Organisation (Kapitel in: Müssen agile Transformationen scheitern?)	x		x	x	x		

Abbildung 4.4 Aufbau der Konzeptmatrix

Die Darstellung der Ergebnisse erfolgt im anschließenden Kapitel.

[7] Mayring (2022, S. 84).

4.2 Häufige Hindernisse bei der Etablierung von Agilität

Mit Hilfe einer systematischen Literaturrecherche werden häufige Hindernisse bei der Etablierung von Agilität identifiziert. In diesem Kapitel werden die Ergebnisse der Literatursuche und -analyse sowie die daraus abgeleiteten Kategorien der Konzeptmatrix geordnet nach der Häufigkeit der Nennungen dargestellt.

Abbildung 4.5 Quantitative Ergebnisse der Literaturrecherche

Abbildung 4.5 verdeutlicht den iterativen Prozess der systematischen Literaturrecherche. Aus 172 initial gefundenen Quellen werden durch die Anwendung von Ausschlusskriterien und die Bereinigung von Dopplungen 55 Quellen zur inhaltlichen Prüfung ausgewählt. Nach einer detaillierten Auswertung verbleiben 19 relevante Werke, deren Aussagen in 23 Zeilen der Konzeptmatrix integriert werden. Damit wird die erste Forschungsfrage systematisch bearbeitet. Die Suchergebnisse, die Auswertung und Überführung der Textstellen in die Konzeptmatrix sind konsequent dokumentiert.

Die Kategorien der Konzeptmatrix werden induktiv aufgebaut und stellen das Ergebnis der systematischen Literaturrecherche dar. Insgesamt werden zwölf Kategorien auf Basis der Recherche identifiziert, die zentrale Hindernisse bei der Etablierung von Agilität verdeutlichen.[8] Abbildung 4.6 zeigt die quantitative Verteilung dieser Kategorien und veranschaulicht, welche Faktoren die Etablierung von Agilität häufig behindern.

[8] Siehe Anhang 1 im elektronischen Zusatzmaterial

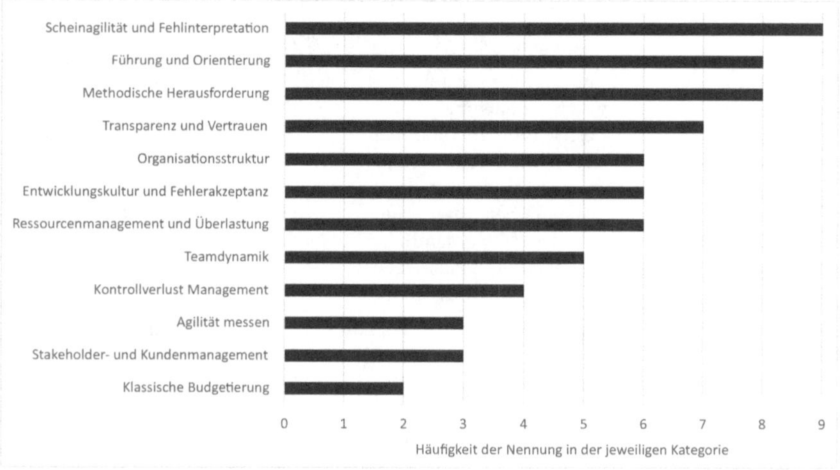

Abbildung 4.6 Ergebnis der Konzeptmatrix

Die Grafik stellt die Kategorien in einer Reihenfolge dar, basierend auf der Häufigkeit ihrer Nennungen in Artikeln oder Kapiteln. Sie zeigt die Ergebnisse der Forschungsfrage zu den Hindernissen bei der Etablierung von Agilität.

Zur Erläuterung der Kategorien dient Tabelle 4.1. Die Beschreibung der Kategorien erfolgt aus Zusammenfassungen der kategorisierten Textstellen.

Tabelle 4.1 Beschreibung der Kategorien der Konzeptmatrix

Kategorie	Zusammenfassung	Autoren
Scheinagilität und Fehlinterpretation	Scheinagilität entsteht, wenn agile Methoden nur oberflächlich übernommen werden, ohne die zugrunde liegende Denkweise zu verinnerlichen. Statt echter Veränderung werden Begriffe umbenannt und klassische Arbeitsweisen fortgeführt.	Dömer (2023) Ehlers (2023) Jakoby (2024) Neumann (2023) Schermuly (2023) Schneider (2023) Schön et al. (2023) Stuhde (2023)
Führung und Orientierung	Orientierung, klare Prozesse und aktive Mitarbeitereinbindung werden benötigt. Führungskräfte müssen die notwendigen Rahmenbedingungen schaffen und Teams dabei unterstützen, Entscheidungen zu treffen, ohne in Top-down-Muster zu verfallen.	Lanzer et al. (2024) Neumann (2023) Riederer (2023) Rolfes & Brandes (2023) Schneider (2023) Schön et al. (2023)
Methodische Herausforderungen	Häufige Herausforderungen sind ineffiziente Meetings, fehlende Sinnstiftung, unzureichendes Verständnis oder unwirksame Anpassung agiler Methoden an Projektspezifika. Kardinalfehler wie Überlänge in Stand-ups oder falsche Aufwandsschätzungen gefährden die Effektivität.	Neumann (2023) Preußig (2024) Riederer (2023) Schneider (2023) Stuhde (2023) Weiss et al. (2023)
Transparenz und Vertrauen	Fehlende Transparenz und mangelndes Vertrauen führen zu Missverständnissen und Fehlern in der Zusammenarbeit. Zudem stellen unklare Kommunikationswege oder uneinheitliche Informationsweitergabe Hindernisse dar, da sie Sicherheit, offenen Austausch und eine Stärkung der Selbstorganisation gefährden.	Ehlers (2023) Kuchel et al. (2023) Neumann (2023) Schneider (2023) Schön et al. (2023)

(Fortsetzung)

Tabelle 4.1 (Fortsetzung)

Kategorie	Zusammenfassung	Autoren
Organisationsstruktur	Starre Strukturen und hierarchische Prozesse erschweren die Umsetzung von Agilität. Zudem sind angrenzende Systeme oft nicht darauf ausgelegt, effektiv mit agilen Projekten zu interagieren. Um Effizienzverluste und Konflikte zu vermeiden, sind Anpassungen in der Umgebung, den Karrierepfaden und den Entscheidungsprozessen erforderlich.	Dömer (2023) Kuchel et al. (2023) Neumann (2023) Stuhde (2023) Weiss et al. (2023)
Entwicklungs kultur und Fehlerakzeptanz	Fehlende Feedbackkultur, operative Hektik und Null-Fehler-Erwartungen hemmen Offenheit und verhindern, aus Fehlern zu lernen. Eine fördernde Fehler- und Lernkultur ist essenziell, um kontinuierliche Weiterentwicklung zu ermöglichen.	Ehlers (2023) Gebauer (2024) Kuchel et al. (2023) Lanzer et al. (2024) Schneider (2023) Schön et al. (2023)
Ressourcen management und Überlastung	Fehlende Transparenz über die Belastung einzelner Teammitglieder und mangelnde Fokussierung führt zu Kontextwechsel und Überlastung. Die Sprint-Methodik verleitet zu kurzfristigem Leistungsdruck, der langfristig Motivation und Wohlbefinden gefährdet.	Neumann (2023) Rolfes & Brandes (2023) Schmidt & Fellner (2024) Schneider (2023) Simmert (2024)
Teamdynamik	Herausforderungen sind Konflikte in der Anfangsphase, ineffiziente Diskussionen oder mangelnde Unterstützung durch Führung und Coaches. Die Entwicklung eines reifen Teams erfordert Zeit.	Jakoby (2024) Lanzer et al. (2024) Neumann (2023) Schermuly (2023) Schneider (2023)

(Fortsetzung)

Tabelle 4.1 (Fortsetzung)

Kategorie	Zusammenfassung	Autoren
Kontrollverlust Management	Mangelnde Veränderungsbereitschaft und Angst vor Kontrollverlust im Topmanagement behindern oft agile Projekte. Starre Hierarchien und Einmischung in Teamprozesse verhindern die notwendige Autonomie und Transparenz.	Neumann (2023) Schermuly (2023) Simmert (2024) Stuhde (2023)
Agilität messen	Der Erfolg agiler Arbeitsweisen wird unterschiedlich bewertet. Teams fokussieren sich auf schwer messbare Ziele wie Selbstorganisation und Transparenz, während das Management klassische KPIs heranzieht.	Simmert (2024) Stuhde (2023) Weiss et al. (2023)
Stakeholder- und Kunden management	Konflikte entstehen durch unterschiedliche Erwartungen, etwa an Entscheidungsprozesse oder Vertragsstrukturen. Eine enge Einbindung von Kunden und klare Kommunikationswege sind entscheidend, um Verständnis und Akzeptanz für agile Arbeitsweisen zu fördern.	Jakoby (2024) Schneider (2023) Weiss et al. (2023)
Klassische Budgetierung	Traditionelle Budgetierungsansätze behindern Agilität durch ihre Starrheit und mangelnde Flexibilität.	Schneider (2023) Stuhde (2023)

Die systematische Literaturrecherche identifiziert zwölf Kategorien, deren quantitative Verteilung die häufigen Hindernisse bei der Etablierung von Agilität widerspiegelt.

4.3 Bedeutung der Ergebnisse

In diesem Kapitel werden die Ergebnisse der ersten Fragestellung diskutiert. Dabei wird auf die Einordnung der identifizierten Hemmnisse in theoretische Konzepte sowie auf die Häufigkeitsverteilung der identifizierten Aspekte eingegangen.

Zur Diskussion der identifizierten zwölf Kategorien, in denen die Etablierung von Agilität nach der systematischen Literaturrecherche häufig scheitert, werden diese der agilen Zwiebel, erläutert in Abschnitt 2.1 „Agilität als strategischer Rahmen für Veränderung“, zugeordnet. Abbildung 4.7[9] visualisiert diese Einordnung und zeigt die verschiedenen Ebenen, auf denen Agilität verankert werden kann, von Werkzeugen bis hin zu tiefgreifenden Denk- und Wertehaltungen. Die Bedeutung dieser Zuordnung liegt in dem Nutzen, die jeweilige Agilitätsebene zu erkennen und daraus abzuleiten, auf welcher Interventionsebene, oberflächlich oder tiefgreifend, Maßnahmen zur Verbesserung ansetzen sollten.

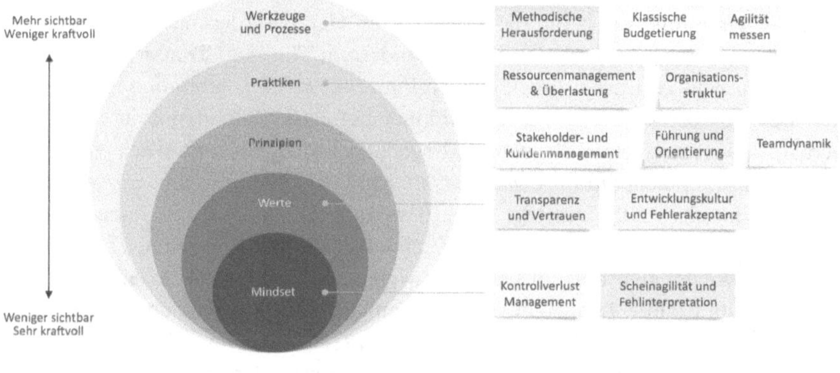

Abbildung 4.7 Hindernisse entlang der agilen Zwiebel

Die Kategorien der Hindernisse, die sich durch Wissen oder der Anwendung von Werkzeugen und Prozesse verbessern lassen können, etwa *Methodische Herausforderungen*, werden der äußeren Ebene der Zwiebel zugeordnet. Für gelebte Praktiken, die eine agile Arbeitsweise unterstützen, wie eine passende Umgebung, wird unter anderem die *Organisationsstruktur* eingeordnet. Agile Prinzipien beeinflussen, wie agile Praktiken interpretiert und umgesetzt werden,

[9] Eigene Darstellung nach Powers (2016).

daher finden sich hier die Kategorien wieder, die den zwischenmenschlichen Umgang betreffen, insbesondere *Führung und Orientierung* sowie *Teamdynamik*. Diese wiederum fußen auf agilen Werten, wie *Transparenz und Vertrauen* und einer offenen *Entwicklungskultur und Fehlerakzeptanz*. Die tiefste Veränderung erfordert das Mindset. Daher ist hier *Kontrollverlust Management* verortet. Ein besonderer Fokus liegt auf *Scheinagilität und Fehlinterpretation*. Diese sind zwar auf der Werkzeuge- & Prozessebene sichtbar, haben ihre Ursache jedoch in einer fehlenden Verankerung agiler Werte und Denkweisen.[10] Daher werden sie der Mindset-Ebene zugeordnet.

Die Visualisierung verdeutlicht, dass eine nachhaltige Agilität erreicht wird, wenn alle Ebenen der Zwiebel berücksichtigt werden und dass Hindernisse auf allen Ebenen bestehen. Werkzeuge sind ein Einstiegspunkt, aber erst tiefere Prinzipien und Werte stabilisieren agile Arbeitsweisen langfristig.[11]

Interessant ist ebenfalls, welche Kategorien nicht entstanden sind, wie *Change-Management* oder *Widerstand*. Dies ist darauf zurückzuführen, dass nicht die Einführung, sondern die Etablierung von Agilität untersucht wurde.

Die Verteilung der Häufigkeit der Nennungen der Kategorien aus der systematischen Literaturanalyse zeigt, dass die größten Herausforderungen nicht auf der Ebene von Tools oder Prozessen liegen, sondern in Führung, Transparenz und im Verständnis von Agilität selbst. *Scheinagilität und Fehlinterpretation (9 Nennungen)* steht an oberster Stelle, was darauf hindeutet, dass Methoden zwar eingeführt werden, jedoch oft, ohne die dahinterliegenden Prinzipien und Werte zu verankern. Ebenso spielen *Führung und Orientierung (8)* sowie *Organisationsstruktur (6)* eine zentrale Rolle. Das legt nahe, dass agile Strukturen ohne eine entsprechende Führungskultur und Umgebung schnell ins Wanken geraten. *Transparenz und Vertrauen (7)* sind ebenfalls hoch gewichtet. Sie stellen essenzielle Faktoren für eine stabile agile Umgebung dar.[12] Weniger stark vertretende Themen wie *Agilität messen (3)* oder *Klassische Budgetierung (2)* lassen darauf schließen, dass Organisationen und Teams eher weniger an messbaren oder finanziellen Aspekten scheitern, sondern eher an der nachhaltigen Verinnerlichung agiler Prinzipien und Werte.

Die Ergebnisse der ersten Forschungsfrage bestätigen die Theorie, dass alle Ebenen der agilen Zwiebel betrachtet werden müssen. Allen Ebenen lassen sich identifizierte Hindernisse in der Etablierung von Agilität zuordnen.

---

[10] Dömer (2023, S. 254–255).

[11] Block (2023, S. 237).

[12] S. Fischer et al. (2017).

Die Forschungsfrage *„An welchen Hindernissen scheitert die Etablierung von Agilität häufig?“* wird in diesem Kapitel beantwortet, wobei für die Thesen jeweils unterschiedliche Antworten aufgezeigt werden.

- These 1.1: Agile Methoden und Werkzeuge sind häufig etabliert
- These 1.2: Die größten Hürden bestehen auf den inneren Ebenen der agilen Zwiebel

Die These 1.1 wird nicht bestätigt, da *Methodische Herausforderungen* als eine häufige Hürde bei der Etablierung von Agilität identifiziert wurde. These 1.2 wird bestätigt, da die häufigsten Hürden in den inneren Ebenen der agilen Zwiebel liegen, wie *Scheinagilität und Fehlinterpretation, Transparenz und Vertrauen* oder *Führung und Orientierung.*

Ein weiteres Ergebnis ist die begrenzte Verfügbarkeit relevanter Literatur zur Forschungsfrage. Die Reflexion der Methodik zeigt, dass eine Ausweitung des Untersuchungszeitraums über zwei Jahre hinaus sowie eine noch präzisere Formulierung des Suchstrings zusätzliche Erkenntnisse hätten liefern können. Die gewählte Vorgehensweise bietet jedoch eine tragfähige Basis und ermöglicht belastbare Ergebnisse. Der festgestellte Mangel an empirischen Studien verweist nicht nur auf methodische Herausforderungen, sondern auch auf eine strukturelle Forschungslücke. Die vorhandene Literatur zu diesem Themengebiet ist insgesamt begrenzt, da das tatsächliche Scheitern aufgrund laufender oder wieder aufgenommener Transformationsversuche schwer zu identifizieren ist.[13] Hier zeigt sich eine offene Forschungslücke und der Beitrag dieser Arbeit, Situationen, in denen Agilität bei der Etablierung scheitert, empirisch zu erfassen.

Wie gezeigt, liegen die Hindernisse oft auf den inneren Ebenen der agilen Zwiebel. Es geht also um die Haltung und Entscheidungen in Bezug auf Verhalten. Entscheidungen sind oft schwierig, da nicht immer die nötige Aufmerksamkeit und Selbstkontrolle vorhanden ist, um die besten Entscheidungen zu treffen. Nudging setzt hier an, indem es den Rahmen für Entscheidungen vereinfacht.[14] Wie Nudges entwickelt werden, um agiles Verhalten zu unterstützen, wird in der folgenden Forschungsfrage untersucht.

---

[13] Stuhde (2023, S. 93).

[14] Thaler und Sunstein (2024, S. 30–31).

5 Konzeptionierung eines Modells zur Entwicklung von Nudges

Die erste Forschungsfrage hat die aktuellen Hindernisse bei der Etablierung von Agilität identifiziert. Wie in Kapitel 3 „Von der Theorie zur Fragestellung“ hergeleitet, ergibt sich daraus die zweite Forschungsfrage *„Wie lässt sich ein Ablaufmodell zur Entwicklung von Nudges für den agilen Kontext entwickeln?“* Ziel dieses Kapitels ist es, ein Ablaufmodell zur Entwicklung von Nudges zu entwerfen.

Ein Nudge vereinfacht Entscheidungssituationen und stößt zu einem gewünschten Verhalten an, ohne die Wahlfreiheit der Zielgruppe einzuschränken. Bislang existiert jedoch kein konkretes Konzept, das die Entwicklung von Nudges speziell für agile Kontexte beschreibt. Diese Lücke soll mit dem hier entworfenen Ablaufmodell geschlossen werden.

5.1 Ablaufmodell zur Entwicklung von Nudges in der Agilität

Um wirksame Nudges für Hindernisse in der Agilität zu entwickeln, reicht theoretisches Wissen über menschliche Fehlbarkeit nicht aus. Ebenso entscheidend ist ein strukturiertes Ablaufmodell, das methodisch durch den Entwicklungsprozess leitet.

Der Deming-Kreis, besser bekannt als PDCA-Zyklus (*Plan, Do, Check, Act*), ist ein etablierter Problemlösungszyklus. Er umfasst die Analyse eines aktuellen Zustands, der Planung und Umsetzung von Maßnahmen sowie deren Überprüfung

M. Müller, *Nudging als Schlüssel zur Überwindung typischer Hindernisse bei der Etablierung von Agilität*, BestMasters,
https://doi.org/10.1007/978-3-658-49904-4_5

und Verbesserung.[1] Damit bildet er eine fundierte Grundlage für Maßnahmenentwicklung. Das Ablaufmodell zur Entwicklung von Nudges basiert auf diesem Zyklus, da ein Nudge als gezielte Maßnahme betrachtet wird, die Verhalten beeinflusst, jedoch die Wahlfreiheit erhält. Entscheidend ist die Ausgestaltung der Phasen sowie die Formulierung von Leitfragen und Methoden zur Entwicklung von Nudges und für den agilen Kontext.

Für eine zielgerichtete Verhaltenssteuerung ist eine Zieldefinition essenziell. Damit ein Nudge wirksam ist, muss die Zielgruppe erreicht und ihre Entscheidungsprozesse verstanden werden. Dafür ist eine Zielgruppenanalyse sinnvoll. Die konkrete Gestaltung eines Nudge erfolgt auf Basis verhaltenspsychologischer Methoden. Mit der Einführung eines Nudge beginnt die Evaluation, um dessen Wirksamkeit zu überprüfen und mögliche Anpassungen vorzunehmen. Zudem soll eine Rückkopplung in der Entwicklung von Nudges möglich sein, so dass Anpassungen und Veränderungen kontinuierlich berücksichtigt werden.[2] Diese Phasen werden in dieser Arbeit in ein iteratives Ablaufmodell zur Entwicklung von Nudges zusammengeführt.

Abbildung 5.1 Iterativer Entwicklungsprozess von Nudges

Die Abbildung 5.1 visualisiert einen Zyklus des Entwicklungsprozesses von Nudges. Die Phasen sind miteinander verbunden und ermöglichen fortlaufend Rückkopplung und Optimierung. Die iterative Natur des Modells stellt sicher, dass Veränderungen im Umfeld oder in der Zielgruppe berücksichtigt werden,

[1] Kuster et al. (2022, S. 145).

[2] Harff (2021, S. 80).

um eine effektive und kontextgerechte Umsetzung zu gewährleisten.[3] Der agile Kernzyklus, Inspektion und Adaption, ist somit in das Modell integriert.[4]

Im Folgenden werden die Phasen des iterativen Ablaufmodells zur Entwicklung von Nudges vorgestellt. Dabei werden jeweils Ziele, zentrale Fragestellungen sowie methodische Ansätze betrachtet.

Zieldefinition

Eine klare Zieldefinition bildet den Ausgangspunkt im iterativen Prozess der Nudge-Entwicklung und definiert den Entscheidungsrahmen für die Gestaltung der Nudges. Die Zieldefinition besteht aus zwei Schritten: Probleme erkennen und Ziele formulieren. Zunächst werden aktuelle Herausforderungen identifiziert und priorisiert.[5] Es wird betrachtet, an welcher Stelle das Entscheidungsverhalten einer Änderung bedarf und wo ein Nudge sinnvoll ansetzen kann.[6] Auf Basis der Identifikation von Problemen erfolgt die Entwicklung einer Zieldefinition. Diese gibt vor, wie Wahlmöglichkeiten gestaltet und welche Nudges eingesetzt werden, um gewünschte Effekte zu erzielen.[7] Ziele für Nudges sollen möglichst quantifizierbar sowie ambitioniert und herausfordernd formuliert sein.[8]

Die Leitfragen dieser Phase sind:

- Welche Verhaltensweise soll verändert oder vermieden werden?
- Wie sieht die idealtypische Verhaltensweise der Zielgruppe aus?[9]

Methodisch kann der Entwicklungsprozess mit Beobachtung starten, um zu erkennen, warum ein Nudge entwickelt werden soll.[10] Da das Konzept für die Anwendung in agilen Räumen vorgesehen ist, sollen agile Werte wie Offenheit, Transparenz und Respekt aktiv gelebt werden, indem Mitarbeitende partizipativ in die Zieldefinition eingebunden werden. Hierbei bietet sich die Anwendung

[3] Harff (2021, S. 57).

[4] Maximini (2023, S. 15).

[5] Krisam (2022, S. 38).

[6] Harff (2021, S. 61).

[7] Ebner et al. (2022, S. 74).

[8] Krisam (2022, S. 38–39).

[9] Ebner et al. (2022, S. 74).

[10] Harff (2021, S. 61).

von Design Thinking an. Dieser Prozess ermöglicht eine strukturierte Auseinandersetzung mit Problemraum, Lösungsraum und Priorisierung, wie in Abschnitt 2.1 „Agilität als strategischer Rahmen für Veränderung" dargestellt. Teams können dadurch ihre Probleme gemeinsam erfassen, sich auf die drängendste Herausforderung fokussieren und daraus klare Ziele ableiten.

Beispiel: In einem agilen Team wird beobachtet, dass keine kontinuierliche Verbesserung stattfindet. Die gewünschte Verhaltensweise ist, dass das Team pro Sprint eine kleine Anpassung vornimmt.

Zielgruppenanalyse

Nudges sollen bei der beobachteten Zielgruppe wirken. Daher ist es bedeutsam diese zu verstehen und sich ein Bild von ihnen zu machen. Mit diesem Bild lässt sich gezielt festlegen, wo und wann Nudges eingesetzt werden können.[11] Es ist darüber hinaus wichtig zu verstehen, wie Entscheidungen in dem Kontext der gewählten Herausforderung getroffen werden. Die Betrachtung der Umgebung, Informationsquellen, Entscheidungssituation und Umweltfaktoren hilft, Einflussfaktoren zu erkennen und gezielte Maßnahmen abzuleiten.[12]
Die Leitfragen der Zielgruppenanalyse lauten:

- Wer ist die Zielgruppe und was motiviert sie?[13]
- Wie sieht das aktuelle Entscheidungsverhalten aus und welche Rahmenbedingungen und kognitiven Verzerrungen beeinflussen es?[14]

Die Integration von Zielgruppen in Design- und Entwicklungsprozesse stellt eine Herausforderung dar, da Menschen intuitiv aus ihrer eigenen Perspektive heraus agieren. Um diesem Bias entgegenzuwirken, bietet die Persona-Methode eine strukturierte Herangehensweise.[15] Sie schafft durch Personalisierung und Visualisierung Empathie für die Zielgruppe. Durch die entstehende Identifikation

[11] Krisam (2022, S. 39–40).

[12] Ebner et al. (2022, S. 74–75).

[13] Krisam (2022, S. 39–40).

[14] Ebner et al. (2022, S. 74–75).

[15] Pruitt (2006, S. 5–6).

werden fundierte, nutzerzentrierte Entscheidungen in der Lösungsentwicklung unterstützt.[16]

Es ist vorstellbar, dass das beobachtete Verhalten innerhalb eines agilen Projektteams sichtbar wird, die eigentliche Zielgruppe des Nudge jedoch außerhalb liegt. Etwa in den Bereichen, die durch Hindernisse aus der ersten Forschungsfrage beeinflusst werden, wie Scheinagilität, Führung, Kontrolle oder Organisationsstrukturen. Auch wenn ein Nudge auf das eigene Verhalten angewendet wird, bleibt eine Zielgruppenanalyse essenziell. Sie hilft, eigene Fehlbarkeiten aufzudecken und Methoden der Selbstüberlistung zu entwickeln.

Beispiel: Das Team ist stolz auf sein Produkt und arbeitet „Scrum by the book". Abweichungen von den Regeln werden nicht zugelassen. Es besteht ein ausgeprägtes Fach- und Prozesswissen. In Retrospektiven werden immer wieder dieselben Grundsatzdiskussionen geführt und pünktlich zum Ende der Timebox beendet.[17] Im Entscheidungsverhalten zeigt sich, dass kontinuierliche Verbesserungen nicht umgesetzt werden, da Veränderungen nicht vereinbart und nicht nachverfolgt werden. Das Team fühlt sich wohler, wenn alles unverändert bleibt. Hinzu kommt die Auffassung, Scrum sei bereits perfekt. Als Ursachen kommen der Status-quo-Effekt (Abwehr von Veränderungen der aktuellen Situation) und die Gruppennorm (Scrum benötigt keine Anpassungen) infrage.

Nudge-Gestaltung

Für die konkrete Gestaltung von Nudges werden Methoden aus der Verhaltensforschung zum Entwerfen und Überprüfen der Nudges eingesetzt. Wirksame Nudging-Techniken sind auf die Rahmenbedingungen und den jeweiligen Entscheidungskontext abzustimmen. Gleichzeitig müssen sie passend für die ursächlichen verhaltenspsychologischen Phänomene sein.[18] In der Zieldefinition und Zielgruppenanalyse sind durch das Betrachten der Herausforderung und des Entscheidungsprozesses der Zielgruppe eine Ursachenuntersuchung enthalten. Die Leitfrage in dieser Entwicklungsphase lautet:

---

[16] Müller et al. (2023, S. 74).

[17] Koschek (2022, S. 93–96).

[18] Harff (2021, S. 78).

- Wie muss ein Nudge gestaltet sein, um eine Verbesserung zu bewirken?

Das britische Behavioural Insights Team (BIT) der britischen Regierung, das aus Psychologen und Verhaltensökonomen besteht, hat das MINDSPACE-Framework als Hilfestellung für den Gestaltungsprozess entwickelt.[19] Zu einem späteren Zeitpunkt wurde das EAST-Framework konzipiert, mit dem Ziel, den Entwicklungsprozess zu vereinfachen.[20]

In dieser Arbeit werden beide Frameworks genutzt. MINDSPACE zum Entwerfen von Nudges und EAST zur Überprüfung, ob Kriterien für einen guten Nudge eingehalten wurden. Wie diese Frameworks aufgebaut sind und welche Funktion sie im Ablaufmodell übernehmen, wird im Folgenden dargelegt.

Das MINDSPACE-Framework unterstützt die Gestaltung von Nudges, indem es zentrale Prinzipien der Verhaltensforschung in einem übersichtlichen Akronym bündelt.[21] Dadurch lassen sich gezielt Fragestellungen zur Nudge-Gestaltung ableiten, ohne tief in theoretische und verhaltenspsychologische Grundlagen eintauchen zu müssen. So kann direkt mit der praktischen Anwendung begonnen werden.

Tabelle 5.1 zeigt die Elemente des MINDSPACE-Frameworks auf mit ihrer jeweiligen Erläuterung.[22] Fragen regen zu Kreativität an.[23] Daher werden Fragestellungen abgeleitet, die beim Entwerfen von Nudges unterstützen.

---

[19] Harff (2021, S. 79).

[20] Service et al. (2014).

[21] Dolan et al. (2010, S. 8).

[22] Dolan et al. (2010, S. 15).

[23] Schlattmann und Seibel (2016, S. 22).

Tabelle 5.1 MINDSPACE-Framework zur Gestaltung von Nudges

Akronym (Deutsch)	Erläuterung	Abgeleitete Fragestellung
Messenger (Absender)	Menschen werden stark davon beeinflusst, wer Informationen weitergibt.	Wer oder was ist eine vertrauensvolle Senderin oder Sender?
Incentives (Anreize)	Reaktionen auf Anreize sind durch vorhersehbare mentale Abkürzungen geprägt, wie z. B. die Vermeidung von Verlusten.	Welche attraktiven Anreize können geboten werden?
Norms (Normen)	Menschen werden stark davon beeinflusst, was andere tun. Soziale Normen haben eine große Wirkung auf das individuelle Verhalten.	Kann das Verhalten anderer als Vorbild herangezogen werden?
Defaults (Standardeinstellungen)	Vor- bzw. Standardeinstellungen werden oft unverändert angenommen.	Welche Standardoption kann angeboten werden?
Salience (Auffälligkeit)	Aufmerksamkeit wird auf das gelenkt, was neu ist und persönlich relevant erscheint.	Wie kann die Bedeutung für die Zielgruppe in den Vordergrund gerückt werden?
Priming (Hervorheben)	Handlungen werden oft von unbewussten Hinweisen beeinflusst.	Wie können unbewusste Reize eingefügt werden?
Affect (Emotionen)	Emotionale Assoziationen können Handeln stark beeinflussen.	Wie kann die Botschaft so emotional gestaltet sein, dass die Zielgruppe erreicht wird?
Commitment (Verpflichtung)	Menschen versuchen, ihre öffentlich getroffenen Zusagen und Versprechen einzuhalten.	Wie kann eine gemeinsame Verpflichtung ausgedrückt werden?
Ego (Ich-Bezug)	Individuelles Verhalten zielt darauf, sich persönlich besser zu fühlen.	Wie kann die Zielgruppe in den Vordergrund gestellt werden?

Das MINDSPACE-Framework liefert mit gezielten Leitfragen Denkanstöße zu wesentlichen Ursachen menschlichen Verhaltens sowie zu geeigneten Nudging-Werkzeugen und bildet eine fundierte Grundlage, um kreative Nudges passend zur Zieldefinition zu entwickeln.

Unabhängig von der späteren Evaluation der Wirksamkeit ist es ratsam, bereits vor Einführung der Nudges zu prüfen, ob diese die Kriterien für gute Nudges erfüllen.[24] So lässt sich sicherstellen, dass tatsächlich ein Nudge und keine andere Maßnahme entwickelt wurde. Für diese Prüfung werden das EAST-Framework sowie agile Prüfkriterien empfohlen.

Das EAST-Framework enthält vier grundlegende Empfehlungen für die Gestaltung verhaltenswissenschaftlicher Instrumente und eignet sich für die Prüfung praxisnaher Nudges.[25] Um ein Verhalten zu fördern oder zu verändern, sollen Handlungsanreize einfach und attraktiv gestaltet sein, soziale Normen unterstützen und auf einen geeigneten Zeitpunkt achten, an dem die Zielgruppe aufnahmebereit und veränderungsbereit ist, wie in Tabelle 5.2 dargestellt.[26]

Tabelle 5.2 EAST-Framework zum Überprüfen von Nudges

EAST (Deutsch)	Handlungsansätze
Easy (Einfach)	· Defaults und Standardoptionen nutzen · Aufwand reduzieren · Kommunikation vereinfachen
Attractive (Ansprechend)	· Aufmerksamkeit erregen durch Bilder, Farben, Personalisierung · Belohnungen oder Sanktionen gestalten
Social (Soziale Normen)	· Soziale Normen nutzen · Selbstverpflichtung und Verbindlichkeit stärken · Aufbau und Einbezug einer Gemeinschaft
Timely (Zeitlich passend)	· Passenden Zeitpunkt wählen · Unmittelbare Kosten und Vorteile berücksichtigen · Bei der Planung unterstützen

Das EAST-Framework bildet somit eine sinnvolle Orientierung, um Nudges auf ihre Eignung zu prüfen.

Die Motivation dieser Arbeit besteht darin, Regression in Agilität entgegenzuwirken. Daher ist es essenziell, Fragen zur Überprüfung von Nudges hinzuzufügen, die sicherstellen, dass die Grundprinzipien der Agilität gewahrt und

[24] Eichhorn und Ott (2019, S. 33).

[25] Harff (2021, S. 80).

[26] Service et al. (2014, S. 9–48).

unterstützt werden. Die folgenden agilen Prüfkriterien sollten dabei mindestens berücksichtigt werden:

1. Agile Prinzipien werden nicht gebrochen
2. Der Nudge wahrt Transparenz
3. Der Nudge ist vertrauensbildend

Agile Prinzipien ermöglichen es Teams und Organisationen, ihre Arbeitsweise kontinuierlich zu hinterfragen und weiterzuentwickeln.[27] Dies wird durch das erste agile Prüfkriterium gezielt unterstützt. Besonders hervorgehoben werden *Transparenz und Vertrauen*, die sich in Abschnitt 4.2 „Häufige Hindernisse bei der Etablierung von Agilität" als zentrale Faktoren für die Überwindung von Hindernissen bei der Etablierung von Agilität auf der Werteebene herauskristallisiert haben. Diese Aspekte sind konkretisiert als agile Prüfkriterien verankert. Der Fokus liegt damit auf den wirkungsvollsten Ebenen der agilen Zwiebel, die das Fundament eines agilen Mindsets bilden.[28]

Ethische Fragestellungen, wie in Abschnitt 2.2 „Nudging als Instrument der Entscheidungsunterstützung" aufgezeigt, müssen berücksichtigt werden, um unerwünschte Nebenwirkungen zu vermeiden. Besonders relevant ist dabei die Wahrung echter Wahlfreiheit. Sie bildet eine gute Versicherung gegen schlechte Nudges.[29]

Zur methodischen Erarbeitung eignen sich Kreativtechniken und partizipative Workshops. Trotz der vorgeschlagenen Hilfestellungen und Prüfkriterien sollen Nudges ambitioniert und mutig entwickelt werden. Als Rahmenmodell kann erneut Design Thinking herangezogen werden. Die entwickelten und überprüften Nudges können in einer Aufwand-Erfolgsaussichten-Matrix priorisiert werden.[30]

Beispiel: Es wird ein Nudge gestaltet, um Veränderungen sichtbar zu machen. Vorschläge für kleine Anpassungen werden auf einer „Experimente-Wand" dokumentiert, gegliedert nach „geplanter Änderung",

[27] Powers (2016).
[28] Armbruster (2023, S. 30–31).
[29] Thaler und Sunstein (2024, S. 33–34).
[30] Krisam (2022, S. 41).

„erwartetem Ergebnis“ und „tatsächlichem Ergebnis“. Diese visuelle Darstellung erzeugt einen Reiz Vereinbarungen für Veränderungen festzuhalten und fördert die soziale Verbindlichkeit und Selbstverpflichtung im Team.

Einführung

Durch die Nutzung der Frameworks MINDSPACE und EAST in der Nudge-Gestaltung werden zentrale Aspekte bei der Einführung von Nudges berücksichtigt. Beispielsweise kann durch eine bewusste Wahl des Senders die Reputationsheuristik genutzt, durch soziale Referenzpunkte die gewünschte Verhaltensänderung gefördert oder durch gezielte Standardeinstellungen die Zielerreichung unterstützt werden. Durch das Betrachten der Nudge-Gestaltung ergibt sich das Vorgehen der Einführung. In der Einführungsphase des Ablaufmodells steht die Umsetzung des Nudge im Fokus, begleitet von der Leitfrage:

- Wie kann der Nudge integriert werden?

Bei aufwändigeren Vorhaben kann es sinnvoll sein, eine Agentur einzubeziehen, die sowohl die Maßnahmen als auch die dazugehörige Kommunikation wirkungsvoll aufbereitet.[31] Dies kann relevant sein für Nudges, die auf der Kultur- oder Organisationsebene wirken sollen. Etwa bei der Förderung der *Entwicklungskultur und Fehlerakzeptanz* oder Anpassungen der *Organisationsstruktur*, welche als Hürden im Abschnitt 4.2 „Häufige Hindernisse bei der Etablierung von Agilität“ identifiziert wurden.

Beispiel: Die „Experimente-Wand“ wird als Voreinstellung im Taskboard und im Ablauf der Retrospektiven integriert.

Evaluation

Das Prinzip des Inspizierens und Adaptierens des agilen Kernzyklus, siehe auch Abschnitt 2.1 „Agilität als strategischer Rahmen für Veränderung“, ermöglicht kontinuierliche Verbesserung und sollte daher auch bei der Entwicklung und Evaluierung von Nudges berücksichtigt werden.

[31] Krisam (2022, S. 43).

Die Leitfragen der Evaluation lauten:

- Werden die definierten Ziele erreicht?
- Wie können Nudges verbessert werden?

Falls die Evaluation dies erfordert, können Anpassungen und Optimierungen vorgenommen werden. Wichtig ist dabei, den jeweiligen Kontext im Blick zu behalten und sowohl kurzfristige als auch langfristige Effekte zu berücksichtigen. Es sollte regelmäßig geprüft werden, ob sich die Zielgruppe, die Ziele oder das Entscheidungsumfeld verändert haben, um die Wirksamkeit der Nudges dauerhaft sicherzustellen.[32] Neben der kontinuierlichen Optimierung ist eine kritische Reflexion entscheidend. Gibt es unerwünschte Nebenwirkungen oder könnte es zu unbeabsichtigten Manipulationen kommen?[33]

Die Evaluation dient nicht nur der Wirksamkeitskontrolle, sondern auch als Grundlage für zukünftige Anwendungen. Ein offener, selbstkritischer Umgang mit den Ergebnissen ermöglicht es, sowohl die Nudges als auch das Ablaufmodell weiterzuentwickeln.

Da diese Phase das iterative Modell erneut startet, erfolgt sie methodisch analog zur Zieldefinition, durch Beobachtung und partizipative Workshops.

Beispiel: Zur Evaluation der Zieldefinition wird überprüft, ob pro Sprint mindestens eine Verbesserung umgesetzt wird. Zusätzlich erfolgt eine Beobachtung, inwieweit Veränderungen reflektiert werden und ob das Team Verbesserungen hinsichtlich Effizienz oder Zusammenarbeit wahrnimmt.

Abbildung 5.2 fasst die iterativen Phasen zur Entwicklung von Nudges zusammen und stellt die zentralen Fragestellungen sowie methodische Ansätze dar.

---

[32] Harff (2021, S. 80).

[33] Thorun und Diels (2016, S. 85).

Phase	Leitfragen	Methoden
Zieldefinition	Was ist eine zentrale Herausforderung? Welcher Zielzustand soll erreicht werden?	Beobachtung Partizipative Workshops, Design Thinking
Zielgruppen-analyse	Wer ist die Zielgruppe? Wie werden Entscheidungen getroffen?	Persona
Nudge-Gestaltung	Wie muss ein Nudge gestaltet sein, um eine Verbesserung zu bewirken?	MINDSPACE, EAST, agile Prüfkriterien Partizipative Workshops, Design Thinking
Einführung	Wie kann ein Nudge integriert werden?	
Evaluation	Wie wirkt der Nudge? Was kann verbessert werden?	Beobachtung Partizipative Workshops, Design Thinking

Abbildung 5.2 Zusammenfassung der iterativen Nudge-Entwicklung

Das Ablaufmodell zur Entwicklung von Nudges für die Etablierung von Agilität kombiniert Methoden verhaltensökonomischer Ansätze mit agilen Methoden und einer agilen Haltung. Besonders im Fokus stehen dabei Partizipation, Offenheit und Transparenz. Die Zielgruppe wird in den Prozess eingebunden, Entscheidungsprozesse und Evaluationsergebnisse werden offen reflektiert. Die Wahlfreiheit der Beteiligten bleibt stets erhalten. Dazu gehört auch die transparente Kommunikation, dass Nudges eingesetzt werden. Transparenz entspricht agilen Werten und beeinträchtigt nicht die Wirksamkeit von Nudges.[34]

5.2 Diskussion des Ablaufmodells zur Entwicklung von Nudges

In diesem Kapitel werden die Ergebnisse der zweiten Forschungsfrage diskutiert. Das entwickelte Ablaufmodell wird mit dem aktuellen Forschungstand verglichen, mögliche Implikationen werden aufgezeigt sowie methodische Schwächen reflektiert.

Es wurde ein Ablaufmodell zur Entwicklung von Nudges entworfen, das durch die Integration agiler Methoden und einer offenen, transparenten Haltung speziell für den agilen Kontext geeignet ist und dabei gezielt auf verhaltensökonomische Hilfestellungen aus den Frameworks MINDSPACE und EAST zurückgreift. Mit diesem Ablaufmodell wird die zweite Forschungsfrage beantwortet, wie Nudges entwickelt werden können, um Hindernisse bei der Etablierung von Agilität

[34] Loewenstein et al. (2015, S. 35–42).

zu überwinden. Insbesondere die kombinierte Nutzung der Frameworks, MINDSPACE zum Entwerfen und EAST zur Überprüfung der Nudges während des Gestaltungsprozesses, bietet eine strukturierte Vorgehensweise, die partizipatives Arbeiten auch ohne tiefergehende Vorkenntnisse zur Verhaltensökonomie ermöglicht. Dabei liegt der Fokus auf einer praxisorientierten Handlungsempfehlung unter Berücksichtigung agiler Werte und Prinzipien.

Im Forschungsfeld der Agilität ist der Einsatz von Nudging bislang nicht betrachtet worden. Das entwickelte Ablaufmodell zur Entwicklung von Nudges eröffnet somit eine neue Perspektive, um Hindernisse in der Etablierung von Agilität anzugehen.

In der Literatur existieren Modelle zur Entwicklung von Nudges im Kontext von Unternehmen, Gesundheit oder Konsum.[35] Im Vergleich dazu lassen sich beim vorgestellten Ablaufmodell sowohl Gemeinsamkeiten als auch Unterschiede feststellen. Gemeinsam ist die Berücksichtigung einer Ursachenanalyse durch das Erkennen von Problemen in der Zieldefinition sowie die Betrachtung des Entscheidungsprozesses in der Zielgruppenanalyse. Auch die Nutzung etablierter Frameworks aus der Verhaltensökonomie und eine eigene Phase zur Evaluation stellen Parallelen dar. Unterschiede bestehen in der Zusammenführung von Problem- und Zieldefinition zu einer gemeinsamen Phase sowie der Integration von Zielgruppenanalyse und Entscheidungsprozess in eine weitere gemeinsame Phase, welche in anderen Modellen oft getrennt voneinander erfolgen. Zudem werden mit MINDSPACE und EAST beide Frameworks als strukturierende Hilfestellungen genutzt. Trotz der inhaltlichen Dichte bietet das entwickelte Modell eine übersichtliche Darstellung relevanter Aspekte und setzt mit spezifischen Prüfkriterien einen gezielten Fokus auf Agilität. Zusammenfassend lässt sich sagen, dass das Modell keine Widersprüche zur bestehenden Literatur aufweist, sondern diese ergänzt.

Das vorgestellte Ablaufmodell kann unmittelbar angewendet werden, um die Etablierung von Agilität zu unterstützen. Teilnehmende ohne vertiefte Vorkenntnisse zu Nudging und den zugrunde liegenden kognitiven Verzerrungen können an der Gestaltung mitwirken. Die Ergebnisse lassen sich mit einem grundlegenden Verständnis von Nudging auf andere Kontexte übertragen. Dabei empfiehlt es sich, die Prüfkriterien kontextspezifisch anzupassen.

Die Forschungsfrage *„Wie lässt sich ein Ablaufmodell zur Entwicklung von Nudges für den agilen Kontext entwickeln?"* wird in diesem Kapitel beantwortet und die beiden Thesen bestätigt.

---

[35] Vgl. Ebner et al. (2022), Eichhorn und Ott (2019), Harff (2021), Krisam (2022).

- These 2.1: Es lässt sich ein Ablaufmodell entwerfen, das auf agile Kontexte ausgerichtet ist
- These 2.2: Das Ablaufmodell kann ohne vertiefte theoretische Kenntnisse zu Nudging angewendet werden

Mit dem konzeptionellen Aufbau des Ablaufmodells zur Entwicklung von Nudges zur Unterstützung der Etablierung von Agilität wird These 2.1 erfüllt, insbesondere durch die vorgeschlagenen Methoden und agilen Prüfkriterien. Die Erfüllung von These 2.2 gelingt durch die Anwendung verhaltensökonomischer Frameworks.

Aus methodischer Sicht ist kritisch zu reflektieren, dass dieses Kapitel rein konzeptionell aufgebaut ist und zu diesem Zeitpunkt nicht evaluiert ist. Herausforderungen, die bei der Anwendung des Ablaufmodells sowie bei der Durchführung partizipativer Workshops auftreten könnten, sind nicht dargestellt. Zudem wurde der Umgang mit möglichen negativen Reaktionen auf Nudges, etwa in Form von Widerstand oder Reaktanz, bisher nicht berücksichtigt.

Diese Arbeit untersucht erstmals den gezielten Einsatz von Nudging in agilen Räumen und bietet damit eine Grundlage für weiterführende Forschung. Mögliche Forschungsfelder wären die empirische Überprüfung der Wirksamkeit des Ablaufmodells, dessen Anwendung in unterschiedlichen agilen Kontexten oder die systematische Untersuchung möglicher Widerstände.

Ein besseres Ergebnis könnte durch experimentelle Untersuchungen erzielt werden, die im Rahmen dieser Arbeit nicht möglich sind. Daraus ergeben sich Ansätze für weiterführende Forschung. So könnte beispielsweise untersucht werden, ob das Ablaufmodell in der Praxis eine hilfreiche Unterstützung darstellt oder welche Optimierungen an dem Konzept möglich sind. Darüber hinaus wäre es relevant, empirisch zu erheben, inwiefern Nudging grundsätzlich im agilen Kontext funktioniert.

Im Rahmen dieser Arbeit wird mit der dritten Forschungsfrage das Potenzial des Konzeptes evaluiert und die Tragfähigkeit von Nudging in Agilität sowie das Ablaufmodell bewertet.

6 Evaluation des Modells zur Nudge-Entwicklung in der Agilität

Die abschließende Forschungsfrage „*Inwiefern ist das entwickelte Ablaufmodell geeignet, um Nudges zu gestalten, die agile Zusammenarbeit fördern?*" wird mit diesem Kapitel behandelt. Dafür werden Interviews mit Expertinnen und Experten durchgeführt, um das in Abschnitt 5.1 „Ablaufmodell zur Entwicklung von Nudges in der Agilität" entwickelte Ablaufmodell zu evaluieren. Entsprechend der dargelegten Fragestellung in Kapitel 3 „Von der Theorie zur Fragestellung" zielt die Evaluation darauf ab, die Eignung des Ablaufmodells zu bewerten und Möglichkeiten zur Optimierung aufzuzeigen. Dieses Kapitel umfasst das methodische Vorgehen, präsentiert die Ergebnisse der Befragungen und bietet eine abschließende Diskussion.

6.1 Methodisches Vorgehen zur Evaluation des Ablaufmodells

Die Evaluation des Ablaufmodells zur Entwicklung von Nudges im agilen Kontext kombiniert verschiedene qualitative Ansätze. Kern der Erhebung ist eine *SWOT-Matrix*, die auf *Experteninterviews* gestützt wird. Die Erhebung erfolgt *remote-gestützt* mit interaktiver Beteiligung und einer strukturierten Moderation. Anschließend erfolgt eine *qualitative Inhaltsanalyse* der Erhebung.

Methodische Entscheidungen
Für eine fundierte Analyse ist es erforderlich, Stärken, Schwächen, Potenziale und Risiken des Ablaufmodells systematisch zu erfassen. Die SWOT-Analyse (*Strengths, Weaknesses, Opportunities, Threats*) eignet sich hierfür, da sie interne

M. Müller, *Nudging als Schlüssel zur Überwindung typischer Hindernisse bei der Etablierung von Agilität*, BestMasters,
https://doi.org/10.1007/978-3-658-49904-4_6

und externe Einflussfaktoren strukturiert analysiert und Betrachtung aus verschiedenen Perspektiven bietet.[1] Sie wird üblicherweise in der Strategieentwicklung, aber auch für Evaluationszwecke eingesetzt.[2]

Experteninterviews liefern fundierte Grundlagen zur Anwendung der Methode, um eine tiefere Kontextualisierung der SWOT-Ergebnisse zu ermöglichen. Sie sind besonders geeignet, da spezifisches Rollenwissen und Fachperspektiven erhoben werden sollen. Sie ermöglichen eine zielgerichtete, strukturierte Befragung, die sich auf präzise, anwendungsorientierte Antworten konzentriert.[3] Da die Übertragbarkeit der Fragestellungen und Methoden im Ablaufmodell für Nudges auf den agilen Kontext bewertet werden soll, erfolgt die Auswahl der Expertinnen und Experten auf Grundlage ihrer Erfahrung in der Agilität sowie der Organisations- und Teamentwicklung. Besonders wichtig ist, dass sie sowohl die Herausforderungen als auch die Rahmenbedingungen für die Umsetzung des Ablaufmodells zur Nudge-Entwicklung einschätzen können. Ihr spezifisches Fachwissen ist daher entscheidend für die Validität der gewonnenen Erkenntnisse.

Um soziale Beeinflussung zu vermeiden, werden die Gespräche als Einzelinterviews geführt.[4] Dabei steht das Verständnis des Kontexts beim Interviewten sowie das Erfassen des Feedbacks durch die Interviewende im Fokus.[5] Besondere Bedeutung kommt dabei einer direkten schriftlichen Erfassung der Antworten zu, um eine möglichst präzise und unverzerrte Dokumentation der Einschätzungen sicherzustellen.

Eine qualitative Inhaltsanalyse zielt darauf ab, durch eine systematische Analyse von Texten fundierte Einblicke in deren Bedeutung zu erlangen, indem das Material in Kategorien strukturiert wird.[6] Die Befragungen werden dafür gemäß einem einfachen Transkriptionssystem aufbereitet.[7] Zur Identifikation der für die Fragestellung relevanten Antworten, die durch die SWOT-Matrix geleitet sind, wird ein Kategoriensystem deduktiv entwickelt.[8] Die festgelegten Codes lauten *Stärken*, *Schwächen*, *Risiken* und *Chancen*. Die Erhebung ist gleichrangig, daher hat das Kategoriensystem einen Nominalcharakter.[9] Für die strukturierte Auswertung wird

[1] Kaufmann (2025, S. 290).

[2] Bundesministerium des Inneren und für Heimat.

[3] Helfferich (2022, S. 887–888).

[4] Häder (2014, S. 925).

[5] Helfferich (2022, S. 878).

[6] Schneijderberg et al. (2022, S. 33).

[7] Kuckartz und Rädiker (2022, S. 509).

[8] Mayring (2022, S. 96).

[9] Mayring (2022, S. 96).

ein Summary-Grid erstellt, in dem zentrale Textstellen kategorienbasiert zusammengestellt werden. Die thematische Zusammenfassung in paraphrasierender Form zur systematischen Verdichtung erfolgt zunächst pro Interviewpartner, dann pro Kategorie.[10]

Vorbereitung und Durchführung

Bei einer SWOT-Analyse ist es wichtig, das Ziel vorab klar zu kommunizieren.[11] Für die SWOT-Analyse, ebenso für die Erwartungshaltung an die Teilnehmenden der Befragung wird als Ziel der Befragung festgelegt *„Evaluation eines Ablaufmodells zur Entwicklung von Nudges zur Unterstützung der Etablierung von Agilität“*.

Die Fragestellungen, welche die Evaluation des Ablaufmodells leiten, um das Verbesserungs- und Einsatzpotenzial zu erkennen, werden durch die SWOT-Matrix gebildet. Bei einer SWOT-Matrix bleiben die Fragestellungen zunächst offen.[12] Zur Vorbereitung der Befragung wird dieses Vorgehen, wie in Abbildung 6.1[13] dargestellt, berücksichtigt.

Das Ablaufmodell verbessern	
Stärken Welche Stärken weist das Ablaufmodell zur Nudge-Entwicklung auf?	**Schwächen** Welche Schwächen weist das Ablaufmodell zur Nudge-Entwicklung auf?
Das Potential einschätzen	
Chancen Welche Chancen bietet die Nutzung des Ablaufmodells zur Nudge-Entwicklung?	**Risiken** Welche Risiken birgt die Nutzung des Ablaufmodells zur Nudge-Entwicklung?

Abbildung 6.1 SWOT-Matrix zur Evaluation des Ablaufmodells

Die offenen Fragen ermöglichen eine Bewertung des Ablaufmodells hinsichtlich seiner Anwendbarkeit und möglicher Hindernisse. Ziel ist eine tiefgehende und wertfreie Erfassung der Einschätzungen.

Experteninterviews sind strukturiert, prägnant formuliert und auf konkrete Antworten ausgerichtet. Ihre Validität beruht auf Offenheit im Verständnisprozess.

[10] Kuckartz (2018, S. 111–112).

[11] Umbach (2025, S. 242).

[12] Bundesministerium des Inneren und für Heimat .

[13] Eigene Darstellung nach Kaufmann (2025, S. 290).

Die methodische Kontrolle des Fremdverstehens erfordert eine reflektierte Auseinandersetzung mit der eigenen Subjektivität. Daher ist der Interviewsituation besondere Sorgfalt zu widmen. Ein zentraler Faktor ist die gezielte Steuerung des Gesprächsverlaufs durch bewusste Interventionen, etwa durch das Setzen von Schwerpunkten oder begriffliche Vorgaben. So bleibt das Interview anschlussfähig an die Forschungsfrage und gewinnt an inhaltlicher Tiefe.[14]

Um dieser Sorgfalt gerecht zu werden, wird die Befragung auf einem digitalen Whiteboard vorbereitet. Die Gestaltung ist bewusst dezent gehalten. Die Präsentation soll erklären und nicht überzeugen. Der Ablauf der Befragungen beginnt mit einer kurzen Einführung zu Hindernissen bei der Etablierung von Agilität und der Rolle von Nudging in Entscheidungsprozessen. Anschließend wird das Ablaufmodell vorgestellt, das die Entwicklung von Nudges in Agilität ermöglichen soll und an das die Befragung anschließt. Jede Antwort wird klar einer Kategorie der SWOT-Matrix zugeordnet, um eine Vermischung interner Schwächen und externer Risiken zu vermeiden.[15] Alle Beiträge werden wertfrei erfasst, die Moderation bleibt neutral und hält Feedback offen fest.

Die Evaluation wird während der Befragungen schriftlich auf einem digitalen Whiteboard festgehalten. Anschließend werden die Befragungen transkribiert und das Material deduktiv codiert. Die Ergebnisse werden in einigen Fällen angepasst, indem die Zuordnung der Kategorien *Schwächen* und *Risiken* auf dem digitalen Whiteboard, abhängig vom Kontext, modifiziert wird. Die endgültige Zusammenführung der Ergebnisse erfolgt durch thematische Verdichtung mittels eines Summary-Grids.

6.2 Darstellung der Expertenbewertung

Das entwickelte Ablaufmodell zur Entwicklung von Nudges zur Unterstützung der Etablierung von Agilität wird anhand der SWOT-Matrix durch eine Expertenbefragung evaluiert. In diesem Kapitel werden die Ergebnisse der Befragung zusammenfassend dargestellt.

Es werden vier Expertinnen und Experten befragt. Die Teilnehmenden haben im Median 14 Jahre Erfahrung mit Agilität. Ihre Rollenbezeichnungen reichen von Coach bis Organisationsentwicklung, siehe Tabelle 6.1. Damit sind die

[14] Helfferich (2022, S. 875–890).

[15] Umbach (2025, S. 242).

definierten Eigenschaften, die Expertinnen und Experten für eine zielgerichtete Evaluation mitbringen sollten, erfüllt.

Tabelle 6.1 Befragte Expertinnen und Experten

Expertin/Experte	Rolle	Berufserfahrung in Agilität
Interviewpartner 1	Consulting für Unternehmen	26 Jahre
Interviewpartner 2	Coaching für Unternehmen	15 Jahre
Interviewpartner 3	Agile Coaching und Organisationsentwicklung	11 Jahre
Interviewpartner 4	Teamentwicklung und Coaching	13 Jahre

Diese Fachleute werden jeweils durch die vorbereiteten digitalen Whiteboards geführt, entsprechend dem festgelegten Ablauf der Präsentation des Inputs und der Befragung. Die Interviews werden auf digitalen Whiteboards dokumentiert, transkribiert und entsprechend der SWOT-Matrix deduktiv codiert. Um Erkenntnisse zum Ablaufmodell als Unterstützung bei der Etablierung von Agilität systematisch zu erfassen, werden die Interviews entlang der zentralen Forschungsfrage ausgewertet. Im Folgenden werden die Erkenntnisse in Form von Zusammenfassungen der Rückmeldungen der befragten Expertinnen und Experten präsentiert. Die paraphrasierten Zusammenfassungen umfassen die Stärken und Schwächen des Modells sowie die damit verbundenen Chancen und Risiken.

Stärken des Ablaufmodells zur Nudge-Entwicklung

Mehrere Aspekte des Ablaufmodells werden als besondere Stärken hervorgehoben und betonen seine praktische Anwendbarkeit. Die Stärken des Ablaufmodells liegen in der Verwendung eines anerkannten Regelkreises, der von definierten Zielen ausgeht. Auch die Klarheit und Einfachheit des Modells, das eine effektive Unterstützung bietet, wird positiv hervorgehoben. Die iterative Vorgehensweise und die Förderung von kontinuierlichen Erkenntnissen werden ebenfalls als Vorteile bewertet. Auf dieser Basis bietet das Ablaufmodell eine Orientierungshilfe, etwa durch die integrierte Checkliste. Positiv hervorgehoben wird die explizite Integration agiler Prinzipien und die Forderung nach Partizipation. Die Wahlfreiheit als neuer Aspekt in den Maßnahmen wird ebenfalls als Stärke wahrgenommen. Das Ablaufmodell für Nudging wird als leichter und weniger aufwendig als Coaching empfunden, kann spielerisch sein und fördert so kreatives Potential.

Schwächen des Ablaufmodells zur Nudge-Entwicklung

Neben den Stärken des Modells treten verschiedene Schwächen und praktische Herausforderungen in der Anwendung zutage. Schwächen in der Darstellung des Modells bestehen in der unbekannten Bezeichnung der „Nudges", der fehlenden Visualisierung der Partizipation, der Trennung von Zieldefinition und Zielgruppe sowie der externen Verortung der Evaluation. Der Begriff „Evaluation" könnte verwirrend sein, „Reflexion" wäre passender. Darüber hinaus zeigen sich Anwendungshürden in fehlenden Beispielen oder einer genaueren Definition der Phasen, wie etwa eine Vorlage für die Zielgruppenanalyse. Eine Ursache-Wirkungs-Matrix wäre ebenfalls hilfreich, um geeignete Nudges zu identifizieren. In der Praxis könnte das Modell zu viel Zeit für Workshops in Anspruch nehmen, insbesondere für Design Thinking. Es erfordert mehr Zeit und Kreativität als Zwangsmaßnahmen. Die notwendige Reflexionstiefe muss ebenso erreicht werden wie die Definition des Problems und des Ziels. Unklar bleibt, wann der Prozess als erfolgreich angesehen werden kann, wie lange ein Zyklus dauert und wie die Lebensdauer von Nudges zu bewerten ist. Auch die Abgrenzung zwischen Teamentwicklungsmodell und Nudges sowie die Bestimmung der Interventions-Ebene (individuell, teamübergreifend oder organisational) und die Organisation mehrerer Nudges gleichzeitig sind bislang offen.

Chancen in der Nutzung des Ablaufmodells

Das Ablaufmodell eröffnet vielfältige Chancen für Lernen, Veränderung und kulturelle Weiterentwicklung. Es fördert eine neue Art des Lernens und der Veränderung und kann Agilität erlebbar machen. Es bietet eine Alternative zu klassischen Retrospektiven, insbesondere für Teams, die Schwierigkeiten mit traditionellen Methoden haben. Darüber hinaus lädt es zur Entwicklung einer entspannteren Unternehmenskultur ein und hat das Potenzial, neue intrinsische Belohnungsmechanismen und kontinuierliche Weiterentwicklung zu etablieren, indem es kleine Impulse setzt und Komplexität reduziert, ohne die ausführende Person zu überfrachten. Das Modell bietet eine neue Perspektive für die Nutzung auf der Kulturebene.

Risiken bei der Nutzung des Ablaufmodells

Trotz der vielseitigen Möglichkeiten, die das Modell bietet, sind bei seiner Nutzung verschiedene Risiken zu berücksichtigen. Diese liegen in der begrenzten Perspektive, die richtigen Annahmen über die Ursachen von Verhaltensmustern zu treffen, in der Beeinträchtigung der Selbstreflexion und in der Gefahr, die Ursachenforschung zu vernachlässigen. Ein weiterer Punkt ist, dass nicht immer erkannt wird, dass die Nutzung des Modells aktiv initiiert werden muss. Es kann auch sein, dass viele kleine Anstöße notwendig sind, um ein Ziel zu erreichen. Zudem könnte die empfundene Wahlfreiheit von den Beteiligten als eingeschränkt wahrgenommen werden. Gleichzeitig muss einem möglichen Missbrauch vorgebeugt werden. Als größtes Hindernis wird jedoch die Schwierigkeit genannt, starke Gruppennormen zu verändern.

In Abbildung 6.2 werden die untersuchten Kategorien der SWOT-Matrix zusammengefasst dargestellt.

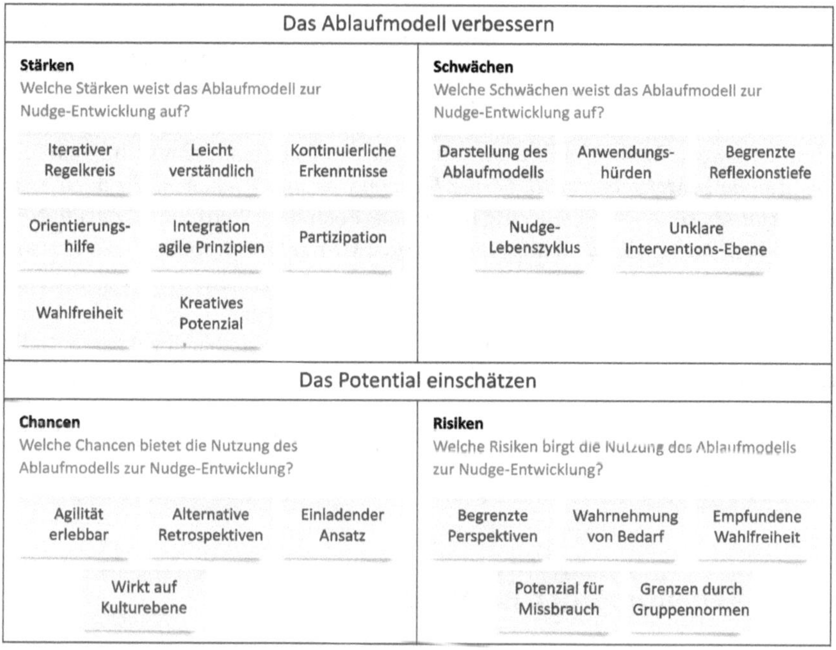

Abbildung 6.2 Zusammenfassung der Befragungen

Ein Widerspruch lässt sich feststellen. Eine genannte Stärke des Ablaufmodells ist, es ist ein *„einfaches Modell, leicht zu verstehen“*.[16] Parallel werden die Anwendungshürden benannt, dass die Details nicht tief genug seien. Es wird die Frage *„wie viel Zeit fließt denn eigentlich rein?“* aufgeworfen.[17] Eine mögliche Ursache könnte

[16] Interviewpartner 1, Befragung Ablaufmodell, Transkript, Pos. 58.

[17] Interviewpartner 3, Befragung Ablaufmodell, Transkript, Pos. 61.

darin liegen, wie die Befragten die Anwendung von Design Thinking wahrgenommen haben. Haben sie den Einsatz der Prinzipien des divergenten und konvergenten Denkens gehört, oder haben sie die Vorstellung von einwöchigen Design Thinking Workshops? Letzteres könnte zu der erwähnten Schwäche führen, dass das Modell zu langwierig sei. Eine Stärke des Modells ist, dass es eine „*explizite Integration mit Agil*" berücksichtigt.[18] Als leichter Widerspruch erscheint die Rückmeldung, dass das Ablaufmodell auch „*außerhalb der Agilität anwendbar*" sei.[19] Dieser potenzielle Einfluss auf den Kulturwandel ist ein überraschendes Ergebnis. Eine weitere Überraschung ist, dass die Fachleute das Risiko benennen, „*gegen eine sehr starke Gruppenorm kommt man mit Nudging nicht an*".[20] Aus der Nudging-Theorie ist bekannt, dass soziale Beeinflussung stark auf Menschen wirkt und Gruppennormen sehr stabil sind.[21] Dies ist insofern überraschend, als die Nudge-Theorie ursprünglich ihren Zweck in der Politikgestaltung hatte.[22] Als Orientierungshilfe kann das Ablaufmodell „*Menschen (z. B. Scrum Master) wirksamer machen, die noch nicht mega erfahren sind*".[23] Gleichzeitig besteht das Potential, „*Retros auch auf ein Next Level heben. Ja, gerade für Teams, die vielleicht sehr, sehr weit sind*".[24] Das Zusammentreffen von unerfahrenen Moderatoren und weit entwickelte Teams stellt somit keinen Widerspruch bei der Nutzung des Ablaufmodells dar.

Zusammenfassend lässt sich sagen, dass das sich erfasste Feedback gegenseitig ergänzt und wertvolle Impulse liefert, um das Ablaufmodell zur Nudge-Entwicklung in agilen Kontexten weiterzuentwickeln. Wie mit den erhobenen Rückmeldungen umgegangen werden kann und welche Bedeutung die Ergebnisse haben, wird im folgenden Kapitel betrachtet.

6.3 Bedeutung der Ergebnisse

Die Ergebnisse der Befragungen werden analysiert, um Verbesserungsmöglichkeiten des Ablaufmodells zur Nudge-Entwicklung aufzuzeigen. Anschließend wird die Forschungsfrage beantwortet.

[18] Interviewpartner 1, Befragung Ablaufmodell, Transkript, Pos. 59.

[19] Interviewpartner 4, Befragung Ablaufmodell, Transkript, Pos. 58.

[20] Interviewpartner 2, Befragung Ablaufmodell, Transkript, Pos. 87.

[21] Thaler und Sunstein (2024, S. 91–95).

[22] Bruttel und Stolley (2017, S. 24).

[23] Interviewpartner 1, Befragung Ablaufmodell, Transkript, Pos. 56.

[24] Interviewpartner 2, Befragung Ablaufmodell, Transkript, Pos. 71.

In der Untersuchung diente die SWOT-Matrix als Orientierungsrahmen zur Befragung. In einem zweiten Schritt einer SWOT-Analyse wird eine paarweise Kreuzung erstellt, um Stärken, Schwächen, Chancen und Risiken miteinander zu verknüpfen und strategische Maßnahmen zu identifizieren. Diese Methode ermöglicht es, Stärken zu nutzen und Schwächen abzubauen, um Chancen zu maximieren und Risiken zu minimieren.[25]

	Stärken	Schwächen
Chancen	Stärken nutzen, um Chancen zu ergreifen. Iteration und kontinuierliche Erkenntnisse machen Agilität erlebbar und fördern alternative Retrospektiven Wahlfreiheit stützt den einladenden Ansatz	Schwächen ausbessern, um Chancen zu nutzen. Darstellung des Ablaufmodells ausbessern, um das Modell auf Kulturebene zu nutzen Interventions-Ebene klären zur Stärkung des Einsatzes auf Kulturebene Nudge-Lebenszyklus klar beschreiben für alternative Retrospektiven
Risiken	Stärken nutzen, um Risiken zu entschärfen. Iterativer Regelkreis und kontinuierliche Erkenntnisse mindern begrenzte Perspektiven Transparenz und Wahlfreiheit begegnet dem Gefühl der Manipulation Orientierungshilfe reduziert Missbrauchsgefahr	Schwächen reduzieren, um Risiken zu reduzieren. Darstellung des Ablaufmodells ausbessern, um erforderliche Perspektiven hervorzuheben Visualisierung des Aspekts der Partizipation, um Missbrauch zu reduzieren Anwendungshürden ausbessern, um begrenzte Perspektiven zu mindern

Abbildung 6.3 Matrix zur Weiterentwicklung des Ablaufmodells

Abbildung 6.3 zeigt eine Matrix zur Weiterentwicklung des Ablaufmodells zur Nudge-Entwicklung, bei der die Risiken und Schwächen beachtet sind.

Stärken, die die Chancen unterstützen, sind vor allem die iterative Natur des Modells und die kontinuierlichen Erkenntnisse, die Agilität erlebbar machen und alternative Retrospektiven fördern. Die Wahlfreiheit des Nudging ermöglicht die Chancen des einladenden Ansatzes, da die Verantwortung für die Wirksamkeit bei den Betroffenen liegt und die intrinsische Motivation gefördert wird.

[25] Tegtmeier (2021, S. 159–160).

Die Nutzung der identifizierten Chancen erfordert die gezielte Ausbesserung bestimmter Schwächen. Dazu zählt eine überarbeitete Darstellung des Ablaufmodells und eine präzisere Terminologie, um die Anwendung auf nicht-agile Kontexte zu erweitern. Darüber hinaus kann eine Klärung der Interventionsebenen von Nudging den Einsatz auf der Kulturebene stärken. Für die Chance, klassische Retrospektiven weiterzuentwickeln oder zu ersetzen, sollte in der Evaluationsphase klarer beschrieben werden, wann ein Nudge-Lebenszyklus endet. Die Stärken des Modells können gezielt genutzt werden, um identifizierte Risiken zu entschärfen. Das iterative Vorgehen in Kombination mit dem kontinuierlichen Erkenntnisgewinn erweitert begrenzte Perspektiven, die durch mangelnde Selbstreflexion, unzureichende Ursachenforschung oder vorschnelle Annahmen bedingt sind. Transparente Wahlfreiheit kann dem Gefühl entgegenwirken, manipuliert zu werden. Zudem kann durch die Erweiterung der Checklisten die Funktion als Orientierungshilfe verbessert und so potenziellem Missbrauch vorgebeugt werden. Einige der identifizierten Risiken lassen sich durch Reduktion bestehender Schwächen im Ablaufmodell mindern. So kann eine geschlossene Visualisierung des iterativen Regelkreises, in der auch die Reflexion hervorgehoben wird, dem Risiko begrenzter Perspektiven entgegenwirken. Ebenso kann der Einsatz partizipativer Elemente zur Prävention von Missbrauchsrisiken beitragen. Um Anwendungshürden zu verringern und gleichzeitig die begrenzten Perspektiven zu stärken, könnte ein Persona-Canvas entwickelt werden, das Aufgaben, Schmerzpunkte und Entscheidungsprozesse integriert. Ergänzend sollten praxisnahe Beispiele geprüft werden, die die Orientierung fördern, ohne dazu zu verleiten, Nudges lediglich aus einer Liste auszuwählen. Darüber hinaus könnte eine gezieltere Konkretisierung der Methoden oder eine klarere Kennzeichnung des Modells als Rahmenkonzept hilfreich sein, um dessen Breite und Tiefe besser zu vermitteln.

Diese strategischen Überlegungen basieren auf den Antworten der Expertinnen und Experten und verdeutlichen, wie durch gezielte Anpassungen das Ablaufmodell optimiert und in seiner Nutzung gestärkt werden kann. Die genannten Risiken stammen aus Erfahrungen im Bereich Team- und Kulturentwicklung und sind nicht spezifisch für Nudging. Wichtig ist, sich dieser Risiken bewusst zu sein und die Stärken des Ablaufmodells zu nutzen, um sie zu reduzieren. Durch Anpassungen lässt sich der aufgezeigte Widerspruch, das Modell sei entweder leicht verständlich oder nicht tiefgehend genug und zu aufwendig, auflösen. Nicht für jede Rückmeldung muss eine konkrete Antwort gegeben werden, da der Umgang mit der Rückmeldung beim Empfänger liegt.[26] Ein Beispiel ist die genannte

[26] Receiving and Giving Effective Feedback .

Schwäche *„manchmal ist ja nur ein Problem oder ein Ziel da und das andere muss man erstmal rausfinden“*.[27] Diese Herausforderung wird im Ablaufmodell in der Phase der Zieldefinition durch den gezielten Einsatz der Leitfragen nach Problem und Zielverhalten berücksichtigt. Insgesamt unterstreichen die Rückmeldungen die Bedeutung einer begleitenden Moderation und die Funktion eines *„Ablaufmodells an sich, an dem man sich orientieren kann“*.[28]

Die vorliegende Evaluation des Ablaufmodells bestätigt dessen Eignung zur Entwicklung von Nudges im agilen Kontext und zeigt Möglichkeiten zur Weiterentwicklung auf.

Die Forschungsfrage *„Inwiefern ist das entwickelte Ablaufmodell geeignet, um Nudges zu gestalten, die agile Zusammenarbeit fördern?“* wird beantwortet und die beiden Thesen der Forschungsfrage bestätigt:

- These 3.1: Das Ablaufmodell wird als zielführend für die Entwicklung von Nudges betrachtet
- These 3.2: Das Ablaufmodell hat das Potenzial, agiles Verhalten zu fördern und nachhaltig zu sichern

Die identifizierten Stärken weisen zentrale positive Effekte auf, die durch weitere Aspekte ergänzt werden. So eröffnen die erfassten Schwächen Ansatzpunkte für gezielte Weiterentwicklungen und stehen im Einklang mit den Grundprinzipien des Modells und der Methode des Nudging. Die in diesem Kapitel erörterten Chancen bestätigen nicht nur die Möglichkeit, Agilität erlebbar zu machen, wie in These 3.2 ausgeführt, sondern erweitern die Anwendungsfelder darüber hinaus. Risiken sind als wertvolle Hinweise zu verstehen, die die Reflexion vertiefen und die Weiterentwicklung unterstützen. Der Einsatz von Nudging in den Bereichen Agilität und Kulturentwicklung wird als vielversprechend erachtet.

Dies zeigt sich nicht nur in den identifizierten Chancen, sondern auch darin, dass die Interviewten nach kurzer Einführung selbstständig Beispiele für Nudges entwickelten. Ein Interviewpartner schilderte etwa den Bruch zwischen Reflexion und Verhalten am Beispiel einer Führungskraft. Sie zeigt sich im Coachinggespräch zunächst reflektiert, reagiert jedoch kurz darauf aggressiv gegenüber Mitarbeitenden. Als möglicher Nudge wurde der Einsatz eines Fitnesstrackers vorgeschlagen, der in Stressmomenten auf einen erhöhten Puls hinweist.[29] Dies könnte eine einfache Entscheidungshilfe darstellen, die zeitlich passend ist,

---

[27] Interviewpartner 3, Befragung Ablaufmodell, Transkript, Pos. 58.

[28] Interviewpartner 3, Befragung Ablaufmodell, Transkript, Pos. 63.

[29] Interviewpartner 1, Befragung Ablaufmodell, Transkript, Pos. 28–36.

Wahlfreiheit erhält, Erinnerung zur Selbstregulation und soziale Normen wie respektvolles Miteinander unterstützt. Weitere Vorschläge umfassten Reflexionsgespräche, Delegation Poker, rollierende Moderation, das sogenannte Reframing, Verweis auf Best Practices oder spielerische Impulse im Büroalltag.

Die gewählte Methodik zur Evaluation des Ablaufmodells ist bewusst auf eine erste Exploration ausgelegt und liefert wertvolle Impulse für eine Weiterentwicklung. Sie kann als Vorbereitung für stärker standardisierte Verfahren wie eine Delphi-Befragung dienen.[30] Eine alternative Zusammensetzung der Expertengruppe könnte ebenfalls weitere Perspektiven eröffnen. Es sei angemerkt, dass eine SWOT-Analyse gewisse Schwächen bezüglich der erreichbaren Tiefen und Detaillierung von Analysen aufweist.[31]

Die gewonnenen Erkenntnisse leisten einen Beitrag zur Anwendung von Nudging im Rahmen agiler Strukturen. Mit dieser Arbeit wurde eine Grundlage geschaffen, um Nudging gezielt zur Förderung agiler Zusammenarbeit einzusetzen. Die Evaluation zeigt, dass das Modell über den agilen Kontext hinaus, etwa in der Kulturentwicklung, eingesetzt werden kann. Empirische Studien können diesen Ansatz vertiefen, indem das Modell in verschiedenen Anwendungskontexten getestet und anhand experimenteller Designs untersucht wird. Zudem eröffnet die Betrachtung der Wirkung von Gruppennormen in Organisationen einen vielversprechenden Forschungsstrang.

[30] Häder (2014, S. 64–66).

[31] Hill und Westbrook (1997, S. 50–51).

7 Fazit zur Rolle des Nudging bei der Etablierung von Agilität

Ausgangspunkt dieser Arbeit war die Erkenntnis, dass Agilität in der Praxis zwar vielfach eingeführt, jedoch unter Druck häufig nicht dauerhaft aufrechterhalten wird. Teams fallen in herausfordernden Situationen in tradierte Verhaltensmuster zurück. Nudging, als Gestaltungsinstrument von Entscheidungssituationen zur Förderung gewünschten Verhaltens ohne Zwang, erschien als vielversprechender Ansatz. Ziel war es, dessen Potenzial im agilen Kontext zu untersuchen und ein Modell zu entwickeln, das Teams befähigt, eigenverantwortlich Impulse zur Förderung agilen Verhaltens zu gestalten.

Die Arbeit basierte auf zwei zentralen theoretischen Bezugspunkten. Agilität wird als Antwort auf komplexe, dynamische Umfelder verstanden und zielt darauf, Organisationen reaktionsfähig, lernbereit und selbstorganisiert zu gestalten. Damit dies gelingt, braucht es nicht nur passende Methoden, sondern vor allem ein gelebtes Verhalten auf Basis von Eigenverantwortung, Offenheit und Reflexionsfähigkeit. Nudging wiederum stammt aus der Verhaltensökonomie und beschreibt die gezielte Gestaltung von Entscheidungssituationen mit dem Ziel, bestimmte Verhaltensweisen zu fördern, ohne dabei Wahlfreiheit einzuschränken. Ein Nudge ist ein sanfter Impuls, der unbewusste Entscheidungsmechanismen adressiert und Verhalten in eine gewünschte Richtung lenkt.

Zur Beantwortung der Forschungsfragen wurde ein mehrstufiges Vorgehen gewählt. Zunächst wurden im Rahmen einer systematischen Literaturrecherche typische Hindernisse bei der Etablierung von Agilität identifiziert. Anschließend wurde ein konzeptionelles Ablaufmodell entwickelt, das die systematische Gestaltung von Nudges im agilen Kontext ermöglicht. Die Eignung des Modells wurde im Anschluss im Rahmen einer qualitativen Untersuchung, die auf Experteninterviews basiert, evaluiert.

M. Müller, *Nudging als Schlüssel zur Überwindung typischer Hindernisse bei der Etablierung von Agilität*, BestMasters,
https://doi.org/10.1007/978-3-658-49904-4_7

Die erste Forschungsfrage zielte darauf ab, typische Hindernisse bei der Etablierung agiler Arbeitsweisen zu identifizieren. Es wurden zwölf Kategorien herausgearbeitet, in denen Rückschritte nach der Einführung agiler Strukturen auftreten. Die Kategorien lassen sich in eine relative Reihenfolge bringen und entlang der Ebenen der agilen Zwiebel verorten. Die Ergebnisse zeigen, dass weiterhin *methodische Herausforderungen* bei der Etablierung von Agilität bestehen. Die wesentlichen Hindernisse betreffen jedoch gemäß der Annahme die inneren Schichten der agilen Zwiebel. *Scheinagilität und Fehlinterpretation* verweisen auf das Mindset, *Führung und Orientierung* auf die Ebene der Prinzipien, *Transparenz und Vertrauen* auf die Ebene der Werte. Damit wird deutlich, die Etablierung agiler Zusammenarbeit scheitert stärker an Haltung und Entscheidungsverhalten. An diesem Punkt setzt Nudging an.

Zur Beantwortung der zweiten Forschungsfrage wurde ein konzeptionelles Ablaufmodell entwickelt, das zur Nudge-Entwicklung für agile Kontexte ausgerichtet ist. Dies wird insbesondere durch den iterativen Charakter, die eingesetzten Methoden und die expliziten agilen Prüfkriterien, bei der Überprüfung, ob die entwickelte Maßnahme tatsächlich ein Nudge ist, deutlich. Durch den Einsatz der verhaltensökonomischen Frameworks wie MINDSPACE und EAST ist eine Anwendung ohne vertiefte Kenntnisse im Bereich des Nudging möglich. Insgesamt bietet das Ablaufmodell eine konkret anwendbare Handlungsempfehlung für die Praxis.

Im Rahmen der qualitativen Evaluation wurde das entwickelte Ablaufmodell hinsichtlich seines Potenzials zur Gestaltung von Nudges im agilen Kontext untersucht. Die Rückmeldungen zeigen, dass das Modell grundsätzlich als sehr zielführend und praktikabel wahrgenommen wird. Insbesondere die strukturgebende Wirkung und die Orientierung, die es im Gestaltungsprozess bietet, werden positiv hervorgehoben. Die Hypothese, dass das zugrunde liegende Konzept des Nudging geeignet ist, Verhaltensweisen zu beeinflussen, die einer agilen Zusammenarbeit entgegenstehen, wird bestätigt. Die befragten Expertinnen und Experten lieferten gezielte Hinweise zur Weiterentwicklung des Modells, insbesondere bei der graphischen Darstellung des Modells, um dessen Kernidee klarer zu vermitteln. Darüber hinaus wurden ethische Fragen erörtert, die sich etwa auf begrenzte Perspektiven in der Ursachenforschung oder der Abgrenzung zu Manipulation beziehen. Des weiteren wurde das Potenzial für Anwendungsfelder wie der Kulturentwicklung aufgedeckt.

Die drei Forschungsfragen bauen logisch aufeinander auf und machen deutlich, dass Rückschritte in der Agilität vor allem auf kultureller und verhaltensbezogener Ebene entstehen. Das entwickelte Ablaufmodell setzt dort an und verbindet agile Prinzipien mit der Logik des Nudging, um gewünschtes Verhalten gezielt zu unterstützen. Die Evaluation bestätigt das Potenzial des Modells und liefert darüber hinaus konkrete Anregungen zur Weiterentwicklung.

Die kritische Würdigung dieser Arbeit zeigt, dass die gewählten Methoden sich im Rahmen einer Masterarbeit als stimmig und angemessen erweisen. Die systematische Literaturrecherche war bewusst auf zwei Veröffentlichungsjahre begrenzt, um die Aktualität der Diskussion zu gewährleisten. Ein erweiterter Zeitraum kann jedoch zusätzliche Perspektiven eröffnen. Der konzeptionelle Zugang zur Modellentwicklung und die einmalige Evaluation stellen methodische Begrenzungen dar, zugleich ermöglichen sie erste fundierte Aussagen über die Anschlussfähigkeit und das Potenzial des Modells im agilen Kontext. Die gewonnenen Erkenntnisse bilden eine tragfähige Basis für weiterführende Forschung. Für eine vertiefte Einschätzung der Wirksamkeit wären Feldstudien oder experimentelle Untersuchungen ein nächster logischer Schritt.

Daraus ergeben sich anschließende Fragen, welche weiteren Handreichungen bei der Entwicklung von Nudges im agilen Kontext hilfreich sind. Ebenso ist zu klären, bei welchen Kriterien Nudging geeigneter erscheint als klassische Maßnahmen oder Coachingformate. Die Ergebnisse der ersten Forschungsfrage bieten erste Hinweise darauf, welche Themenbereiche vorrangig betrachtet werden können. Die Ergebnisse der zweiten Forschungsfrage geben eine hilfreiche Orientierung für die Entwicklung von Nudges. In Kombination mit den Erkenntnissen der dritten Forschungsfrage lässt sich das Modell gezielt weiterentwickeln und in experimentellen Kontexten validieren. Darüber hinaus eröffnet sich ein weiterführender Forschungsstrang rund um die Frage, wie Gruppennormen auf Organisationen und deren Kultur wirken und wie Nudges in diesem Zusammenhang gezielt eingesetzt werden.

Diese Arbeit leistet einen Beitrag, einem bekannten Problem mit einem neuen Ansatz zu begegnen. Durch die Kombination von Agilität und Nudging entsteht ein Ansatz, der nicht auf Kontrolle oder Vorgaben setzt, sondern auf bewusste Gestaltung von Entscheidungsräumen und damit auf Vertrauen in die Selbstverantwortung von Teams. Die Ergebnisse zeigen, welches Potenzial entsteht, wenn Prinzipien der Verhaltensökonomie mit den Werten agiler Organisationen verbunden werden. Wo bisher Methoden vermittelt und Regeln formuliert wurden, könnte künftig die Gestaltung von Kontexten im Mittelpunkt stehen. Nudging im agilen Kontext steht erst am Anfang. Doch vielleicht liegt genau darin seine Stärke als Impulsgeber für eine Veränderungskultur, die nicht von außen steuert, sondern von innen wirkt.

Literaturverzeichnis

Andresen, J. (2017). *Agiles Coaching.* Carl Hanser Verlag GmbH & Co. KG. https://doi.org/10.3139/9783446452640

Armbruster, J. (2023). *Praxishandbuch Agile Organisationsentwicklung.* UVK Verlag; Narr Francke Attempto. https://elibrary.utb.de/doi/book/10.5555/9783739882130

Baca-Motes, K., Brown, A., Gneezy, A., Keenan, E. A. & Nelson, L. D. (2013). Commitment and Behavior Change: Evidence from the Field. *Journal of Consumer Research, 39*(5), 1070–1084. https://doi.org/10.1086/667226

Beck, K., Beedle, M., Van Bennekum, A., Cockburn, A., Cunningham, W., Fowler, M., Grenning, J., Jim, H., Hunt, A., Jeffries, R., Kern, J., Marick, B., Martin, R. C., Mellor, S., Schwaber, K., Sutherland, J. & Thomas, D. (2001). *Manifesto for Agile Software Development.* https://agilemanifesto.org/

Block, S. (2023). *Large-Scale Agile Frameworks.* Springer Berlin Heidelberg. https://doi.org/10.1007/978-3-662-62048-9

Bruttel, L. V. & Stolley, F. (2017). Richard H. Thaler — Wirtschaftsnobelpreisträger 2017. *Wirtschaftsdienst, 97*(11), 780–784. https://doi.org/10.1007/s10273-017-2214-2

Bundesministerium des Inneren und für Heimat. *SWOT Analyse.* https://www.orghandbuch.de/Webs/OHB/DE/OrganisationshandbuchNEU/4_MethodenUndTechniken/Methoden_A_bis_Z/SWOT_Analyse/swot_analyse_node.html#doc21101608bodyText4

Conboy, K. (2009). Agility from First Principles: Reconstructing the Concept of Agility in Information Systems Development. *Information Systems Research, 20*(3), 329–354. https://doi.org/10.1287/isre.1090.0236

Cordes, C. & Henkel, J. (2022). *Enhanced "Green Nudging": Tapping the Channels of Cultural Transmission.* https://doi.org/10.26092/ELIB/1800

Desai, S. D. & Kouchaki, M. (2017). Moral Symbols: A Necklace of Garlic against Unethical Requests. *Academy of Management Journal, 60*(1), 7–28. https://doi.org/10.5465/amj.2015.0008

Design Thinking Übersicht (2025): Alles was man über Design Thinking wissen muss. Oder kann. (2025). https://blog.thedarkhorse.de/design-thinking-uebersicht

Dolan, P., Hallsworth, M., Halpern, D., King, D. & Vlaev, I. (2010). *MINDSPACE: Influencing behaviour through public policy.* CabinetOffice. https://www.bi.team/publications/mindspace/

M. Müller, *Nudging als Schlüssel zur Überwindung typischer Hindernisse bei der Etablierung von Agilität*, BestMasters,
https://doi.org/10.1007/978-3-658-49904-4

Dömer, M. (2023). Agilität in Realität: Chancen und Herausforderungen in der digitalen Transformation. *Wirtschaftsinformatik & Management, 15*(4), 252–259. https://doi.org/10.1365/s35764-023-00489-9

Ebner, T., Sauer, J. & Spitzer, S. (2022). *Green Nudging im E-Commerce.* Springer Fachmedien Wiesbaden. https://doi.org/10.1007/978-3-658-39367-0

EconBiz – Find economic literature. https://www.econbiz.de/eb/de/hilfe/faq

Ehlers, E. (2023). Warum Unternehmen bei der Umsetzung agiler Methoden scheitern. *Wirtschaftsinformatik & Management, 15*(4), 260–266. https://doi.org/10.1365/s35764-023-00493-z

Eichhorn, D. & Ott, I. (2019). iga.Report 38: Nudging im Unternehmen. *Initiative Gesundheit und Arbeit.* https://www.iga-info.de/fileadmin/redakteur/Veroeffentlichungen/iga_Reporte/Dokumente/iga-Report_38_Nudging_im_Unternehmen.pdf

Fischer, M. & Berger, S. (2014). Ist sanfter Paternalismus ethisch vertretbar? Eine differenzierende Betrachtung aus Sicht der Freiheit. *Sozialer Fortschritt, 63*(3), 52–58. https://doi.org/10.3790/sfo.63.3.52

Fischer, S., Weber, S. & Zimmermann, A. (2017). *Agile Organisation braucht agile Organisationsstruktur.* https://www.haufe.de/personal/hr-management/agile-organisation-erfolgsfaktoren-und-hindernisse_80_412174.html

Fleig, J. (2022). *Wie Sie Mitarbeiter einbeziehen: Partizipation im Unternehmen.* https://www.business-wissen.de/artikel/partizipation-im-unternehmen-wie-sie-mitarbeiter-einbeziehen/

Frehner, T. (2023). *Führung heute.* Springer Berlin Heidelberg. https://doi.org/10.1007/978-3-662-67780-3

Gebauer, A. (2024). Zwischen Kontrolle und Agilität – Wie sicherheitsorientierte Unternehmen Paradoxien managen. *Gruppe. Interaktion. Organisation. Zeitschrift für Angewandte Organisationspsychologie (GIO), 55*(3), 383–391. https://doi.org/10.1007/s11612-024-00759-z

Häder, M. (2014). *Delphi-Befragungen: Ein Arbeitsbuch* (3. Aufl. 2014). *SpringerLink Bücher*. Springer VS. https://doi.org/10.1007/978-3-658-01928-0

Harff, C. (2021). *Corporate Nudging: Verhaltensmuster in Organisationen durch intelligente Anstupser verändern* (1. Auflage 2021). Haufe-Lexware GmbH & Co. KG. https://www.wiso-net.de/document/HAUF,AHAU,VHAU__9783648137406234

Helfferich, C. (2022). Leitfaden- und Experteninterviews. In N. Baur & J. Blasius (Hrsg.), *Handbuch Methoden der empirischen Sozialforschung* (S. 875–892). Springer Fachmedien Wiesbaden. https://doi.org/10.1007/978-3-658-37985-8_55

Hill, T. & Westbrook, R. (1997). SWOT analysis: It's time for a product recall. *Long Range Planning, 30*(1), 46–52. https://doi.org/10.1016/S0024-6301(96)00095-7

Hilmer, S. (2024). Das Prinzip „Agil-agil-werden" – Die Anwendung agiler Denk- und Arbeitsweisen in agilen Veränderungen. In M. Fazal-Baqaie, O. Linssen, A. Volland, E. Yigitbas, M. Engstler, M. Bertram, E. Hanser & A. Kalenborn (Hrsg.), *GI-Edition Proceedings: volume P-353. Projektmanagement und Vorgehensmodelle 2024, PVM 2024: Neues Arbeiten in Projekten – Teamarbeit neu interpretiert : gemeinsame Tagung der Fachgruppen Projektmanagement (WI-PM) und Vorgehensmodelle (WI-VM) im Fachgebiet Wirtschaftsinformatik der Gesellschaft für Informatik e.V. in Kooperation mit der Fachgruppe IT-Projektmanagement der GPM e.V. und der PMI Germany Chapter e.V. : 26. und 27. September 1924 in Friedberg.* Gesellschaft für Informatik.

Hofert, S. & Thonet, C. (2019). *Der agile Kulturwandel.* Springer Fachmedien Wiesbaden. https://doi.org/10.1007/978-3-658-22172-0

Jakoby, P. (2024). Agilität in der digitalen Transformation: Scrum als Schlüssel zum Erfolg? In P. Bruns & W. Bruns (Hrsg.), *Praxishandbuch Kompetenzen in der Digitalen Transformation der Arbeit* (S. 155–188). Springer Fachmedien Wiesbaden. https://doi.org/10.1007/978-3-658-44084-8_11

Kahneman, D. (2019). *Schnelles Denken, langsames Denken* (T. Schmidt, Übers.) (25. Auflage). Siedler.

Kahneman, D. & Tversky, A. (1974). Subjective Probability: A Judgment of Representativeness. In C.-A. S. Staël Von Holstein (Hrsg.), *The Concept of Probability in Psychological Experiments* (S. 25–48). Springer Netherlands. https://doi.org/10.1007/978-94-010-2288-0_3

Kahneman, D. & Tversky, A. (1979). Prospect Theory: An Analysis of Decision under Risk. *Econometrica, 47*(2), 263-. https://doi.org/10.2307/1914185

Kaufmann, T. (2025). *Strategiewerkzeuge aus der Praxis.* Springer Berlin Heidelberg. https://doi.org/10.1007/978-3-662-69887-7

Koch, A. (2017). *Change mich am Arsch: Wie Unternehmen ihre Mitarbeiter und sich selbst kaputtverändern.* Econ.

Koch, R.-A. (2024). *Management von IT-Agilität in der IT-Funktion.* Springer Fachmedien Wiesbaden. https://doi.org/10.1007/978-3-658-44606-2

Koschek, H. (2022). *Jedes Team ist anders: Ein Praxisbuch für nachhaltige Teamentwicklung.* dpunkt.verlag. https://learning.oreilly.com/library/view/-/9781098130367/?ar

Kotter, J. P. (2011). *Leading Change.* Vahlen. https://doi.org/10.15358/9783800646159

Krisam, M. (2022). *Nudging für ein gesundes Unternehmen.* Springer Fachmedien Wiesbaden. https://doi.org/10.1007/978-3-658-38103-5

Kuchel, T., Neumann, M [Michael], Diebold, P. & Schön, E.-M. (2023). Which Challenges Do Exist With Agile Culture in Practice? In J. Hong (Hrsg.), *ACM Digital Library. Proceedings of the 38th ACM/SIGAPP Symposium on Applied Computing* (S. 1018–1025). Association for Computing Machinery. https://doi.org/10.1145/3555776.3578726

Kuckartz, U. (2018). *Qualitative Inhaltsanalyse. Methoden, Praxis, Computerunterstützung* (4., überarbeitete Aufl.). *Grundlagentexte Methoden.* Beltz. http://nbn-resolving.org/urn:nbn:de:bsz:31-epflicht-1138552

Kuckartz, U. & Rädiker, S. (2022). Datenaufbereitung und Datenbereinigung in der qualitativen Sozialforschung. In N. Baur & J. Blasius (Hrsg.), *Handbuch Methoden der empirischen Sozialforschung* (S. 501–516). Springer Fachmedien Wiesbaden. https://doi.org/10.1007/978-3-658-37985-8_32

Kuster, J., Bachmann, C., Hubmann, M., Lippmann, R. & Schneider, P. (2022). *Handbuch Projektmanagement: Agil – klassisch – hybrid* (5., vollständig überarbeitete und erweiterte Auflage). Springer Berlin / Heidelberg. https://ebookcentral.proquest.com/lib/kxp/detail.action?docID=7108385

Lanzer, F., Sauberschwarz, L., Sertler, T. & Weiß, L. (2024). *Strategische Agilität.* Springer Fachmedien Wiesbaden. https://doi.org/10.1007/978-3-658-45422-7

Loewenstein, G., Bryce, C., Hagmann, D. & Rajpal, S. (2015). Warning: You are about to be Nudged. *Behavioral Science & Policy, 1*(1), 35–42. https://doi.org/10.1177/237946151500100106

Macy, M., Deri, S., Ruch, A. & Tong, N. (2019). Opinion cascades and the unpredictability of partisan polarization. *Science advances*, *5*(8). https://doi.org/10.1126/sciadv.aax0754

Maximini, D. (2023). *Agile Mastery in der Praxis: Leitfaden Für Scrum Master, Product Owner und Andere Führungskräfte* (1st ed.). Springer Berlin / Heidelberg. https://ebookcentral.proquest.com/lib/kxp/detail.action?docID=30749665

Mayring, P. (2022). *Qualitative Inhaltsanalyse: Grundlagen und Techniken* (13., überarbeitete Auflage). Beltz.

Meinel, C., Leifer, L. & Plattner, H. (2011). *Design Thinking*. Springer Berlin Heidelberg. https://doi.org/10.1007/978-3-642-13757-0

Möller, H. & Giernalczyk, T. (2023). Agilität.Macht.Containment. In O. Geramanis, S. Hutmacher & L. Walser (Hrsg.), *Organisationale Machtbeziehungen im Wandel* (S. 105–119). Springer Fachmedien Wiesbaden. https://doi.org/10.1007/978-3-658-42092-5_7

Müller, A., Müller, M., Schröder, H. & Thienen, L. von. (2023). Kunden- und prozesszentrierte Digitalisierung in Marketing und Vertrieb. In L. Binckebanck, R. Elste & A. Haas (Hrsg.), *Edition Sales Excellence. Digitalisierung im Vertrieb* (S. 67–92). Springer Fachmedien Wiesbaden. https://doi.org/10.1007/978-3-658-38433-3_4

Münscher, R., Vetter, M. & Scheuerle, T. (2016). A Review and Taxonomy of Choice Architecture Techniques. *Journal of Behavioral Decision Making*, *29*(5), 511–524. https://doi.org/10.1002/bdm.1897

Neumann, M [Mario]. (2023). *Projekt-Safari 2: Das Handbuch für agiles Projektmanagement*. Campus Verlag. https://www.content-select.com/index.php?id=bib_view&ean=9783593453378

Powers, S. (2016). *What is Agile?* https://www.adventureswithagile.com/what-is-agile/

Preußig, J. (2024). *Agiles Projektmanagement*. Haufe. https://doi.org/10.34157/978-3-648-17604-7

Pruitt, J. S. (2006). *The persona lifecycle: Keeping people in mind throughout product design. The Morgan Kaufmann series in interactive technologies*. Elsevier. https://learning.oreilly.com/library/view/-/9780125662512/?ar

Receiving and Giving Effective Feedback. https://uwaterloo.ca/centre-for-teaching-excellence/catalogs/tip-sheets/receiving-and-giving-effective-feedback

Reginaldo, F. & Santos, G. (2020). *Challenges in Agile Transformation Journey*. https://doi.org/10.1145/3422392.3422436

Reupke-Sieroux, S., Roock, S. & Wolf, H. (2020). *Agile Leadership: Führungsmodelle, Führungsstile und das richtige Handwerkszeug für die agile Arbeitswelt*. dpunkt.verlag. http://www.content-select.com/index.php?id=bib_view&ean=9783960888222

Riederer, N. (2023). Der Mythos von Agilität auf Knopfdruck. *Wirtschaftsinformatik & Management*, *15*(4), 271–273. https://doi.org/10.1365/s35764-023-00491-1

Rolfes, B. & Brandes, R. (2023). Agile IT-Entwicklung gesundheitsförderlich gestalten – Erfahrungen aus der betrieblichen Praxis. In G. Becke (Hrsg.), *Flexible Dienstleistungsarbeit gesundheitsförderlich gestalten* (S. 209–229). Springer Fachmedien Wiesbaden. https://doi.org/10.1007/978-3-658-37055-8_10

Roock, S. & Wolf, H. (2018). *Scrum – verstehen und erfolgreich einsetzen* (2., aktualisierte Auflage). dpunkt.verlag. https://search.ebscohost.com/login.aspx?direct=true&scope=site&db=nlebk&db=nlabk&AN=1877827

Salganik, M. J., Dodds, P. S. & Watts, D. J. (2006). Experimental study of inequality and unpredictability in an artificial cultural market. *Science (New York, N.Y.)*, *311*(5762), 854–856. https://doi.org/10.1126/science.1121066

Schermuly, C. C. (2023). *New Work Dystopia.* Haufe. https://doi.org/10.34157/978-3-648-16965-0

Schlattmann, J. & Seibel, A. (2016). Entfaltung der Kreativität im Entwicklungsprojekt. In J. Schlattmann (Hrsg.), *Springer Reference Technik. Aufbau und Organisation von Entwicklungsprojekten* (Living reference work, continuously updated edition, S. 1–24). Springer Fachmedien. https://doi.org/10.1007/978-3-662-49562-9_5-1

Schmidt, M. T. & Fellner, D. (2024). MedTech-Unternehmen auf ihrer Wachstumsreise – Führungsreaktionen auf Wachstumsherausforderungen im Licht des 3-P-Modells. In P. Wollmann, F. Kühn, M. Kempf & R. Püringer (Hrsg.), *Organisation und Führung in turbulenten Zeiten: Entwurf und Implementierung unter Verwendung des 3-P-Modells* (S. 263–278). Springer International Publishing; Imprint Springer Gabler. https://doi.org/10.1007/978-3-031-57163-3_17

Schneider, R. (2023). *Selbstorganisation und Agilität in Großunternehmen: Den Wandel erfolgreich meistern.* Hanser.

Schneijderberg, C., Wieczorek, O. & Steinhardt, I. (2022). *Qualitative und quantitative Inhaltsanalyse: digital und automatisiert: Eine anwendungsorientierte Einführung mit empirischen Beispielen und Softwareanwendungen* (1. Auflage). *Standards standardisierter und nichtstandardisierter Sozialforschung.* Juventa Verlag. http://nbn-resolving.org/urn:nbn:de:bsz:31-epflicht-2019305

Schön, E.-M., Diebold, P. & Neumann, M [Michael]. (2023). *Der Umgang mit Agilität in der Unternehmenskultur.* Springer Berlin Heidelberg. https://doi.org/10.1007/978-3-662-67891-6

Schwaber, K. & Sutherland, J. (2014). *Software in 30 Tagen: Wie Manager mit Scrum Wettbewerbsvorteile für ihr Unternehmen schaffen* (S. Roock, Übers.) (1. Auflage). dpunkt.verlag. http://nbn-resolving.org/urn:nbn:de:bsz:31-epflicht-1302372

Service, O., Hallsworth, M., Halpern, D., Algate, F. & Gallagher, R. (2014). *EAST – Four simple ways to apply behavioural insights.* https://www.bi.team/wp-content/uploads/2014/04/BIT-EAST.pdf

Simmert, B. (2024). *Internal Crowd Work, Empowerment, and Agility.* https://doi.org/10.17170/KOBRA-202402089545

SpringerLink und Springer für F&E-Plattformen. (2024). https://support.springer.com/de/support/solutions/articles/6000080453-springerlink-und-springer-f%C3%BCr-f-e-plattformen

Stuhde, S. (2023). *Müssen Agile Transformationen Scheitern? Validiertes Lernen Als Merkmal Einer Erfolgreichen Agilisierung* (1st ed.). Springer Berlin / Heidelberg. https://ebookcentral.proquest.com/lib/kxp/detail.action?docID=7242385

Sutherland, J. & Schwaber, K. (2020). *The 2020 Scrum Guide.* https://scrumguides.org/scrum-guide.html

Tegtmeier, A. (2021). *Praxisleitfaden Kommunales Beteiligungsmanagement.* Springer Fachmedien Wiesbaden. https://doi.org/10.1007/978-3-658-34243-2

Thaler, R. H. (1999). Mental accounting matters. *Journal of Behavioral Decision Making*, *12*(3), 183–206. https://doi.org/10.1002/(SICI)1099-0771(199909)12:3<183::AID-BDM318>3.0.CO;2-F

Thaler, R. H. & Sunstein, C. R. (2024). *Nudge: Wie man kluge Entscheidungen anstößt* (S. Gebauer, Übers.) (Die endgültige Ausgabe, überarbeitete Neuausgabe). Ullstein.

Thorun, C. & Diels, J. L. (2016). *Nudge-Ansätze beim nachhaltigen Konsum: Ermittlung und Entwicklung von Maßnahmen zum "Anstoßen" nachhaltiger Konsummuster* (Umweltforschungsplan des Bundesministeriums für Umwelt, Naturschutz, Bau und Reaktorsicherheit UBA-FB-002451).

Tversky, A. & Kahneman, D. (1986). Rational Choice and the Framing of Decisions, 251–278. https://doi.org/10.1007/978-3-642-74919-3_4

Umbach, G. (2025). *Erfolgreich als Medical Advisor und Medical Science Liaison Manager*. Springer Fachmedien Wiesbaden. https://doi.org/10.1007/978-3-658-46224-6

vom Brocke, J., Niehaves, B., Riemer, K. & Plattfaut, R. (2009). *Reconstructing the Giant: On the Importance of Rigour in Documenting the Literature Search Process*. https://www.researchgate.net/publication/259440652

Was nützt Ihnen Google Scholar bei der Literatursuche? https://dlf.uzh.ch/openbooks/studifitkurs/chapter/was-nuetzt-ihnen-google-scholar-bei-der-literatursuche/

Webster, J. & Watson, R. T. (2002–06). *Analyzing the Past to Prepare for the Future: Writing a Literature Review*. https://www.jstor.org/stable/4132319

Weiss, S., Paetzold-Byhain, K., Michalides, M., Pendzik, M., Scharold, F. & Stoiber, L. (2023). *Agile Entwicklung physischer Produkte 2023*. Technische Universität Dresden. https://doi.org/10.25368/2023.213

FSC
www.fsc.org
MIX
Papier | Fördert gute Waldnutzung
FSC® C083411

Kolibri 360 GmbH
Ferdinand-Jühlke-Straße 7
99095 Erfurt, Deutschland
produktsicherheit@kolibri360.de